呂太后期の権力構造

前漢初期「諸呂の乱」を手がかりに

郭茵

九州大学出版会

呂太后期の権力構造——前漢初期「諸呂の乱」を手がかりに——／目次

呂太后期の権力構造——前漢初期「諸呂の乱」を手がかりに——

序章　本書の目的と先行研究

第一節　本書の目的

呂太后は漢帝国の建国者高祖劉邦の妻、二代皇帝である恵帝劉盈の生母、そして三代皇帝と四代皇帝である少帝恭と弘の祖母である。劉邦は漢帝国樹立後八年足らずの漢十二年（紀元前一九五年）に病没し、その後継者として若い息子の劉盈が即位したが、実権はほとんど彼の母呂太后が握っていた。恵帝は即位後七年目（紀元前一八八年）に二十三歳の若さで亡くなったため、彼の息子二人（少帝恭と少帝弘）が前後して皇帝となったが、いずれも幼かったため、呂太后が「臨朝称制」を行った。このことによって、呂太后は名実とも漢帝国の最高支配者となった。本書では恵帝期と少帝期（恭と弘）を合わせて呂太后期（紀元前一九五年―紀元前一八〇年）と呼ぶこととする。[1]

『史記』、『漢書』を始め、従来の研究では、呂太后は功臣及び劉氏一族と対立し、嫉妬心と野望に満ちた悪女として扱われてきた。呂太后は権力を握って以降、劉邦が生前最も寵愛していた戚姫を惨殺しただけではなく、何人もの劉氏諸侯王を殺害し、劉邦とともに漢帝国を樹立した功臣たちを排除しようとした。また、劉邦と功臣との間の約束を破り、呂氏一族を重用し、功績がないにもかかわらず王や侯に封じた。さらに、彼女の亡くなる前には甥の呂禄と呂産に軍と行政の最高権力を与えた。こうしたことから、呂太后は劉氏の天下に取って替わろうとしたとされてきた。そして、彼女のこのような驕恣な振舞いが、劉氏を守る功臣たちの反発を招き、呂太后の死を契機として不満が噴出し、追い詰められた呂氏一族が謀反を起こそうとしたが、実行しないうちに逆に皆殺しにされてしまった。これが有名な「諸呂の乱」である。この「乱」により、呂氏一族は皆殺しにされただけではなく、少帝弘を含む恵帝の四人の遺児たちがすべて恵帝の子ではないとの理由で殺された。それにかわり、劉邦の子である代王劉恒が皇帝として迎えられ、劉氏王朝が功臣たちによって保全されたとされている[2]。

一方、呂太后期は期間が短いこと、基本的に劉邦期の政策を踏襲したことなどから、これまでの研究では、呂太后及び呂太后期はあまり重要視されてこなかった。しかし、以下の二つの理由により、呂太后期が前漢の歴史にとって大変重要な時期であると考えられる。

第一に、一般的なイメージとは逆に、呂太后が権力を握った十五年間に経済や社会が大いに発展したことが挙げられる。『史記』、『漢書』もともに、呂太后期の治世を高く評価している。例えば『史記』巻九呂太后本紀の最後において司馬遷は

太史公曰、孝恵皇帝高后之時、黎民得離戦国之苦、君臣倶欲休息乎無為、故恵帝垂拱、高后女主称制、政不出房戸、天下晏然。刑罰罕用、罪人是稀、民務稼穡、衣食滋殖。

と評価しており、『漢書』でも同様の評価が見られる。また、呂太后期の「無為の治」は漢代のみならず、中国の歴史上高く評価されている。このような呂太后期の統治がその後の「文景の治」の基礎を築き上げたと思われる。

もう一つ重要なことは、呂太后期の統治によって劉氏の天下が定着したということである。これまで、漢帝国が二百年間続いたということはごく当然のこととして受け止められてきたが、呂太后期においては、劉氏の政権が長く続くであろうということは必ずしも自明なことではなかった。そして、このことはまさに呂太后が功臣たちと争

わなければならなかった理由でもあった。漢帝国が樹立されてからわずか七年後に劉邦が亡くなったため、天下が劉氏のものだとする認識はまだそれほど定着していなかった。例えば、漢十二年（紀元前一九五年）には、淮南王黥布が反乱を起こしている。反乱の理由について問われた黥布は、自分も皇帝になりたかったからだと答えている（『史記』巻九十一黥布列伝）。戦争を通じて樹立された帝国に対して、それに大きく貢献した功臣たちは新しい皇帝に対して必ずしも従順ではなく、機会があれば取って代わろうという野望を持つ者もいたと思われる。つまり、建国当時の劉氏の天下は大変不安定なものであった。しかし、これとは対照的に、呂太后が亡くなった後、功臣たちは皇帝を廃したものの、彼ら自身が皇帝になろうという動きはまったく見られず、劉氏諸侯王の中から新しい皇帝を選んでいる。すなわち、呂太后の十五年間の統治によって、天下は劉氏のものだとする観念が人々の意識の中に植え込まれていたのである。安定していた呂太后期があったからこそ、漢帝国の歴史が劉邦の創立期から文景の安定期、武帝の拡張期に入り、そして二百年間存続することができたと言える。このことは、呂太后期が漢代の歴史にとって極めて重要な時期であることを示しており、このような呂太后期の歴史的性格を明らかにし、前漢の歴史の中に正しく位置付けることは、前漢の歴史、ひいては前漢期に形式が整えられた皇帝支配のシステムを体系的に捉えることにも寄与すると思われる。

それでは、劉邦が亡くなった後、中央の強力な功臣と地方の有力な劉氏諸侯王を前に、呂太后がなぜ政権を握り、また維持することができたのだろうか。その最大の理由は、言うまでもなく彼女の前皇帝の妻、現皇帝の母あるいは祖母という身分であるが、これだけでは、建国初期の強力な功臣と劉氏諸侯王に対抗するには明らかに力不足である。なぜなら、功臣たちと強い個人的な絆を持っていた劉邦でさえ、彼らの力を完全に抑えることができないほど強かったからである。劉邦の没後、若い恵帝、そして幼い少帝が即位すると、皇帝側と功臣側との力関係は呂太后にとってますます不利になる一方であった。このような情況の中で、呂太后はなぜ政権を維持することができたのだろうか。また、その政権を維持するために、どのような統治を行っていたのだろうか。さらに、呂太后の統治と密接に関連する重要な事件である、「諸呂の乱」とは一体何だったのか。なぜこのような事件が起きたのか。こうした問題を解明するには呂太后期における権力構造を解明する必要がある。

本書の目的は、呂太后期に関する史料を丹念に検討することにより、この時期の歴史の真実を探り、それに基づいて呂太后期における権力構造を明らかにすることである。

第二節　先行研究

これまでの研究では、前漢中期以後の権力構造について盛んに議論されているが[3]、前漢初期、特に呂太后期の権力構造については必ずしも注目されてこなかった。前漢初期の権力構造に関して最も詳しく考察したものとしては、李開元氏の研究がある[4]。李氏の研究を要約すると、以下のようにまとめることができる。①劉邦集団の変容・発展したものとして、前漢初期に、新しい支配階層としての軍功受益階層が現れた。李氏は、廖伯源氏の説を受け継ぎ、漢初の功臣列侯集団を一つの政治勢力として注目し、漢初の官吏が軍功受益階層によって占められており、その頂点に立つのが丞相であったとする[5]。②皇帝と丞相の執務する場所の違いに基づいて、前漢の権力構造を丞相を中心とする政府権力と皇帝を中心とする宮廷権力に分け、皇帝の権力は宮廷だけにとどまり、丞相を中心とする中央政府が国政を運営していた。また、③宮廷を中心とする皇帝権力は、丞相を中心とする政府権力及び地方諸侯王の権力とともに、三権並立の政治構造を形成し、前漢初期の権力の重心は長い間軍功受益階層に偏っていた。

李氏の研究が、軍功受益階層に焦点をあてることによって前漢における政治構造と社会構造の研究に重要な手がかりを与えたことは高く評価されるべきである。また、李氏は、劉邦集団が最初から劉邦に従っていた豊沛元従集団、碭泗楚人集団、秦人集団、多国合従集団の四つの地域集団により構成され、しかも、この四つの地域集団がそれぞれ異なる権力を掌握したことを明らかにした。具体的には、豊沛元従集団と碭泗楚人集団は漢王朝の政治の中心と支配層の上層部を独占し、秦人集団は支配層の中心部にとどまったままでいるのが一般的であった。また多国合従集団はそのまま各諸侯国に勤めていた[6]。李氏の考えは概ね正鵠を射たものと思われ、前漢初期の権力構造に関する研究を大きく前進させたものと言えるが、以下の点については再検討する余地があると思われる。①前漢初期の官吏が軍功受益階層によって多く占められることは事実であるが、一言で軍功受益階層と言っても、その構成員は莫大な数に上るため、この概念に基づく議論はやや漠然としていると言わざるを得ない。また、この階層の構成員は、出身・経歴・能力、そして劉邦との関係などによりそれぞれ違う特徴を持っている。そのため、実際に軍功受益階層が多く任官されていたのかどうかという問題を含め、この階層の中からどのような特徴を持つ人たちが任用されたのかが重要である。この問題を解明することは、劉邦期及び呂太后期の統治策を明らかにするだけではなく、漢初の権力構造の解明にも大きく寄与するものである。②前漢初期において、大きな政治勢力として功臣集団と劉氏諸侯王が存在していたことは確かであるが、この二つの勢力を過大に評価することはできない。また、皇帝の権力が宮廷内に限られているとの主張はやや納得しがたい[7]。李氏が「宮内の宮廷が政策や詔令を制定し、宮外の政府がそれを受けて施行することである」(『漢帝国の成立と劉邦集団――軍功受益集団の研究――』汲古書院、二〇〇〇年、二二九ページ)としながら、皇帝の権力が宮廷内に留まると主張するのは明らかに自己矛盾していると言える。なぜなら、政策を定め詔令を出すことはまさに皇帝の政治権力が圧倒的に上位にあることを示しているからである。また、政治権力の中で最も重要なものの一つは人事権であるが、劉邦期はもちろんのこと、呂太后期にも丞相を含む三公九卿やその他の官僚を任免し、地方王国へ国相を派遣するなどしており、前漢初期においても、皇帝権力は丞相の権力や地方諸侯王の権力を遥かに凌いでいたと言える。以上のことから、李氏の研究は呂太后期を含む前漢初期の権力構造に関する具体的な分析に先鞭をつけたものの、前漢初期、とりわけ呂太后期の権力構造に関する結論については、再検討する余地があると思われる。

他に注目すべきなのは薄井俊二氏の研究である。(8) 薄井氏の研究の中心は恵帝系皇統による政策にあり、呂太后期の権力構造については深く議論されていないが、呂氏一族に関する見方について、これまで無視されてきた呂太后の長兄の存在とその役割を明らかにしたこと、恵帝系皇統という概念を提起したという二点で、極めて重要な研究である。すなわち、恵帝系皇統は恵帝及びその息子の二人の少帝からなると明確に指摘し、この概念によって、呂太后及び呂氏一族の恵帝系皇統の後ろ盾としての役割を明確にした。また綿密な考証と厳密な分析により、呂氏一族は高祖との一体感、劉氏皇室における主流意識を持っていたことも明らかにした。前述のように、呂太后に関するこれまでの研究は呂太后を含む呂氏一族と劉氏・功臣との対立の構図で捉えられてきたが、薄井氏の研究によって、少なくとも、呂太后が対抗しようとしたのは恵帝の帝位に危険を及ぼす可能性のある劉氏諸侯王だけであることが明らかになった。この意味で、薄井氏の研究は呂太后の研究に対して新境地を開くものであった。

第三節　本書の構成と概要

本書は全七章で構成されている。次章以降の各章の目的と内容は以下の通りである。

呂太后は劉邦の死後、皇帝になった息子恵帝が若かったため、様々な形で政治に関わった。また、恵帝の死後皇帝となった少帝が幼かったことから、彼女は臨朝称制し、直接権力を握ることとなった。このことが可能になった背景には、前皇帝の妻と現皇帝の母・祖母としての身分が大変重要な役割を果たしたことは言うまでもない。しかし、下からの反乱によって成立したばかりの漢帝国の初期において、政治情勢は極めて不安定であり、中央の強力な功臣たちと地方の劉氏諸侯王が存在する状況の中で、皇后・皇太后の身分だけでは実質的に十五年間に及ぶ支配を続けることは容易なことではなかった。そのため、まず、彼女自身の権力基盤がどのようなものであったのかを明らかにする必要がある。

第一章「呂太后の権力基盤について」では、呂太后がどのように自らの権力基盤を築き上げたのかについて分析する。この章では、楚漢戦争期から劉邦が亡くなるまでの呂太后と劉邦の行方を辿ることによって、呂太后は漢帝国の樹立までほとんど功績がなく、長兄周呂侯呂沢の軍事力を背景にして皇后の地位を手に入れたこと、さらに帝国が樹立されてからは、劉邦が頻繁に、しかも長期間長安を離れたことにより、彼女は直接国政を運営する機会に恵まれたため、長安にいる功臣たちとの間に一定の信頼関係が築き上げられ、独自の権力基盤を形成したことを明らかにした。

自ら強い権力基盤を持っていたことは、劉盈の太子としての地位を保全できただけではなく、劉邦死後の十五年間権力を握り続けることを可能にした重要な前提であった。しかし、このことは決して呂太后の統治を保証するものではなかった。では彼女は具体的にどのような形で統治したのだろうか。第二章「漢初の南北軍」では、前漢初期の政治に大きな影響力を及ぼした南北軍の実態について考証し、呂太后期の統治のあり方を明らかにした。南北軍については、すでに多くの研究があるが、その役割や位置関係については必ずしも明らかにされていない。この章では、先行研究の成果を踏まえ、南北軍に関する諸説の問題点を整理し、さらに南北軍に関する断片的な史料を考察することによって、その位置と役割に関する新しい仮説を提起した。

つまり、従来の研究では、衛尉の「軍」が南軍、中尉の「軍」が北軍とされてきた漢初の南北軍は、実際には、皇帝の住む未央宮と呂太后の住む長楽宮の外側の守衛軍であり、南軍は武庫周辺に駐屯し、長楽宮の衛尉とともに長楽宮を守っており、北軍は未央宮の北に駐屯し、未央宮の衛尉とともに未央宮を守っていた。また政情が不安定な時には、上将軍（あるいは大将軍）が設置され南北軍を含むすべての軍隊を統率するが、政情が安定し上（大）将軍が設置されないときには南北軍は太尉によって統率される。このように、南北軍の位置と役割を解明したことにより、前漢初期の政治構造に関して以下の二点が明らかになった。一つは、呂太后が政局をコントロールできた理由の一つに、軍隊の最高司令官である上（大）将軍を一貫して掌握していたこと。もう一つは、未央宮を守る北軍が長楽宮を守る南軍より重要であったことから、呂太后期における政治の中心は通説で言われるような長楽宮ではなく、皇帝のいる未央宮であったこと。この二点から、呂太后期における政治支配は、皇帝を中心とし、上（大）将軍とその武力を支えとして展開されていたことが明らかになった。

皇帝の権威と大将軍の武力を背景にした呂太后にとって、帝国を運営していくためには、官僚機構の力が必要不可欠である。とりわけ、中央政府でどのような人物を起用するかは、政権の安定を大きく左右するものである。それゆえ、呂太后期における官僚任用政策・権力配分について分析しなければならない。ただし、呂太后期の官僚任用政策は劉邦期のそれと深くつながっているため、まず、劉邦期の官僚任用政策を分析する必要がある。

第三章「劉邦期における官僚任用政策」では、主として劉邦期における官僚任用政策について検討した。この問題に関連する李開元氏の先行研究では、前漢初期において、帝国の樹立に功績を持った人たちが侯に封ぜられ、官僚に任用されるという「功→爵（侯）→官」の関係があるとされているが、本研究では、劉邦期に官僚の最高級ポストである三公九卿に就いた者の出身・経歴・任官時期と封侯時期などを検証することによって、以下のような事実を明らかにした。第一に、劉邦期の三公九卿はほとんど先に任官され、その職責を果たしたことによる功績に基づき封侯されている。いわゆる「功→爵（侯）→官」の軍功に基づく官僚任用ルールは劉邦期において存在しなかった。第二に、三公九卿の中に秦吏出身者が多かったことから、劉邦期における三公九卿への任用は、軍功ではなくそれぞれの職務に見合う専門知識や能力に基づいて行われたと考えられる。この二点については、地方政府である郡の太守の任用についても当てはまる。そして、第三に、漢帝国樹立後、劉邦は大きな軍功を持つ武将たちの勢力を意図的に抑制しようとした。つまり、劉邦期においては軍功の大きさよりも官僚としての能力が重視されており、しかも、帝国の安定のために、劉邦は意図的に武将たちの力を抑えようとしたのである。

第四章「呂太后期の権力基盤の衰退と官僚任用政策の変化」では、さらに呂太后期における中央政府の官僚任用政策について検討した。呂太后は、基本的に劉邦期の官僚任用政策を受け継いだが、恵帝や呂氏一族の有力者の相次ぐ死によって権力基盤が徐々に弱まってきたために、劉邦期と異なる特徴も見られるようになる。本章では、呂太后期における中央政府の三公九卿の任用状況を考察することによって、以下のような結論が得られた。まず第一に、呂太后期における官僚任用のルールは劉邦期と同じく基本的には能力に基づいて行われており、軍功に基づく官吏任用ルールは存在しなかった。第二に、呂太后自身の権力基盤の弱体化に伴い、官僚任用の基準が徐々に彼女自身との信頼関係に移りつつあることである。

ところで、劉邦期から続いてきた武将抑制策は武将たちの不満を招いており、この不満は呂太后が亡くなる前に行われた究極の人事、つまり軍隊のみならず行政の最高権力を呂氏一族に与えたことによって頂点に達した。この人事は武将だけではなく文臣たちの反発も招いた。その帰結として起きたのがいわゆる「諸呂の乱」である。「諸呂の乱」はその名称から分かるように、呂氏一族が劉氏の天下を奪おうとして「乱」を起こし、それを察知した大臣や諸侯王によって阻止された、とされる事件である。しかし、これに関連する史料の記述を検討すると、このような定説と矛盾することが多く現れてくる。事件の真相を解明するために、第五章「『諸呂の乱』における大臣と斉王兄弟」では、大臣と斉王兄弟、そして呂氏一族の動きを具体的に検証することによって、「諸呂の乱」は呂氏一族が起こしたものでなく、実際には大臣と斉王兄弟により引き起こされたことを明らかにした。しかも、両者が共謀して引き起こしたわけではなく、むしろ、双方がそれぞれお互いに相手を利用しながら異なる目的で行動した結果、事件が次第にエスカレートしていき、斉王の弟による呂産殺害から始まり、呂氏一族もろとも惨殺され、さらに恵帝の息子である少帝弘とその兄弟たちがすべて殺されてしまうという結果にいたったのである。

最後の終章「本研究の結論と前漢史研究における意義」では、本書の研究成果をまとめ、前漢史研究における本研究の意義を述べる。

注

(1)本書の分析対象期間は呂太后期であり、混乱を避けるために、呂太后の呼び名は「呂太后」で統一する。

(2)本書の中で「功臣」、「大臣」、「武将」、「文臣」などの概念が使われているが、「功臣」とは漢帝国の樹立に大きな功績を残した人たち、「武将」とはその中で軍隊を率いて戦った人たち、「大臣」とは三公九卿など中央政権の重要ポストにいる人たち、「文臣」とは軍職以外のポストにいる人たちを指す。

(3)武帝期以後の権力構造に関する研究には主に富田健之の一連の論考(詳しくは文献目録を参照)、および藤田高夫「前漢後半期の外戚と官僚機構」(『東洋史研究』四八―四、一九九〇年)などがある。

(4)李開元『漢帝国の成立と劉邦集団――軍功受益階層の研究――』(汲古書院、二〇〇〇年)。

(5)廖伯源「試論西漢時期列侯與政治之関係」(『徐復観先生記念論文集』台北、学生書局 一九八六年)。

(6)前掲注4、一九九ページ参照。

(7)李開元氏は「劉邦の皇帝権は、その誕生から分権的な特質を持ち、相対的有限性をもつものであった。この皇帝権の相対的有限性は白馬の盟によって固定化され、宮廷を中心とする権力機構となり、丞相を中心とする漢朝政府と諸侯王国と共に、三権並立の政治構造を形成していったのである」(二九三ページ)と指摘している。すなわち、李開元氏は「非劉氏不得王、非有功不得侯」の白馬の盟は劉邦と臣下の双方が契約したものであり、劉邦は臣下と「共天下」の精神を実行したと主張する。まさに、この「共天下」の理念があるからこそ、三権並立の構造がもたらされたと考えているようである。しかし、すでに卜憲群氏(「評『漢帝国的建立与劉邦集団』」『中国史研究』、二〇〇一年第二期)が指摘するように、「共天下」と「共定天下」は違う意味のものである。筆者は劉邦の「非劉氏不得王」は明らかに天下を他人に分けたくない証拠であると考えている。

(8)薄井俊二「恵帝の即位――漢初政治における外戚の役割――」(『埼玉大学紀要』(教育学部・人文・社会科学)第四十一巻第一号、第二号、一九九二年)。

第一章　呂太后の権力基盤について

はじめに

呂太后の権力基盤については、これまでに谷口やすよ氏、美川修一氏と李開元氏の研究成果がある。谷口やすよ氏は、皇帝が幼い場合には前皇帝の嫡妻たる皇后が皇太后として「臨朝」する資格があったと指摘し、劉邦死後、呂太后が権力を振るい、大臣たちがそれを正当と見なした理由についても、やはり皇帝嫡妻たる皇后の機能とその性格に求めている(1)。呂太后にとって、嫡妻という身分が非常に重要であるとの指摘は妥当であるが、中国史において、実際に「臨朝」した皇太后について見ると、成功した例もあるが、失敗した例も少なくない。つまり、呂太后の権力基盤についても、嫡妻の身分は一つの重要な要素に過ぎない。特に前漢初期のような不安定な時期において、呂太后がなぜ長期にわたり権力を振るうことができたのかを検討するには、嫡妻説に加え、呂太后独自の権力基盤についても検討する必要がある。

美川修一氏は、呂太后の権力基盤は以下の二点に由来すると主張する。一つは沛県における呂太后の父呂太公を中心とする任侠的な結合であり、もう一つは劉邦が戦いに行く際、諸侯の反乱を防ぐために、彼らの子供を宮中に留め置いたことである。そうして宮中で成長した諸侯の子供たちが呂太后に対して親しみの感情を持ち、それが呂太后の権力基盤となったという。[2]確かに呂太公と劉邦の関係は任侠的な結合であり、それが呂太后の権力基盤の源であるとする美川氏の指摘は高く評価されるべきである。しかし、美川氏の後者の主張については議論の余地が大きいと考える。前漢初期の宮廷において、戦争に行くとき、臣下の子供を人質として宮中に預かる習慣があったかどうかは別にして、[3]仮にあったとしても、人質になっている子供たちと呂太后の間に親しい関係が生まれるとは考えられず、彼らが呂太后の権力基盤になることはさらに考えられない。実際、恵帝期から「諸呂の乱」までに、権力の中枢で活躍していた人物は曹参の息子曹窋と張良の息子張辟彊を除き諸侯の子弟の姿はほとんど見られなかった。しかも、曹窋は「諸呂の乱」に際して、美川氏が述べたように「陳平周勃たちに協力しようとしなかった」のではなく、逆に周勃たちの側に立って積極的に駆け回っていた（『史記』巻九呂太后本紀）。従って、美川氏のこの主張は成り立ち難いと思われる。

李開元氏はその著書の中で、[4]呂太后の権力は彼女が皇太后となり政権を運営し始めた時から始まり、また、呂氏一族の権力は恵帝の死後、張辟彊のアドバイスにより諸呂が入宮し、宮殿の守衛部隊の指揮権を手に入れた時点から始まるとする。[5]換言すれば、呂太后の権力基盤は軍隊を掌握することによりでき上がったという。この指摘は極めて重要なことであるが、さらに一歩進めて、なぜ大臣たちがいとも簡単に軍権を呂太后に渡してしまったのかを考える必要がある。呂太后がそれ相応の権力基盤を持っていなければ、権力争いに長けた大臣たちが安易に軍権を渡すことはなかろう。

このように、呂太后の権力基盤に関する三氏の研究にはそれぞれ継承すべき点があるものの、呂太后の権力基盤を十分に説明することができていないところがある。呂太后の権力基盤を再検討するに当たり、『史記』巻九呂太后本紀にある

呂后為人剛毅、佐高祖定天下、所誅大臣多呂后力。呂后兄二人、皆為将。

という記述は大変示唆に富み、この問題を解明する重要な手がかりになる可能性がある。しかし、この記述は漠然としているため、中国では、劉邦が天下を定める際に呂太后に功労があったのかどうかについてさえ様々な議論がなされてきた(6)。

本章では呂太后及びその一族の漢帝国樹立前後における行動を検証し、呂太后とその一族が漢帝国の樹立にどのように貢献したのかを検討することによって、呂太后の権力基盤を究明したい。

第一節　楚漢戦争中の呂太后の行方

劉邦は挙兵後常に各地を転戦していたが、その間に呂太后は一体何をしていたのだろうか。本節ではまず呂太后が『史記』に書いてあるように「佐高祖定天下」をしたのかどうかを検証する。

『史記』巻十八高祖功臣侯者年表審食其条に

以舎人初起、侍呂后・孝恵沛三歳十月、呂后入楚、食其従一歳、侯(7)。

とある。審食其は呂太后の側近で、後に漢帝国の丞相になった人物である。この記述から、審食其が沛で三年十ヵ月の間、呂太后と恵帝に仕えていたことが分かる。また、呂太后が楚軍に捕われたのは彭城大戦中の漢二年（紀元前二〇五年）四月である。この時点から遡ると、劉邦が挙兵し沛公になった秦二世元年（紀元前二〇九年）秋九月から約三年八ヵ月である。すなわち、劉邦が挙兵してから彭城大戦までの間、呂太后は戦争に直接参与しておらず、家族及び審食其と一緒に故郷の沛にいたことが分かる[8]。

彭城大戦の時、呂太后は劉邦の父劉太公と審食其とともに劉邦を探しに行ったが、劉邦を見つけられなかっただけでなく、逆に楚軍と遭遇し、劉太公・審食其とともに楚軍に囚われてしまった。それから、二年半にわたり、呂太后は楚軍の人質になった。漢四年（紀元前二〇三年）九月の漢楚の講和の際に、呂太后はようやく楚軍から解放された[9]。すなわち、劉邦が挙兵してから漢楚の講和までの六年間、呂太后は一貫して劉邦と離れており、その後の漢帝国の樹立に直接な貢献をしていないことは明らかである。

劉邦が挙兵する前、呂太后は劉邦の代わりに監獄に入れられたことがあり（『史記』巻九十六張丞相列伝）、また、これまで見てきたように楚漢戦争中、彼女は劉邦の親族を支え、項羽の軍隊に囚われたこともあるが、このことは直接「高祖を佐けて天下を定め」たことにはならず、彼女の権力基盤の構築にも繋がるものでもないと言える。

このように見てみると、むしろ「呂后有兄二人皆為将」との記述の方が重要な意味を持つのではないか。特に長兄の周呂侯呂沢は呂太后の権力基盤の構築に重要な役割を果たした可能性が大きい。これまでの研究では、呂太后自身に関する研究は少なく、呂沢に関する研究はさらに少ない。管見の限り、呂沢の役割を重要視したのは薄井俊二氏の研究のみである。薄井氏はのちの恵帝劉盈が皇太子となった理由を分析する中で、呂氏一族、とりわけ呂沢の役割を高く評価した。さらに彭城大戦で惨敗した劉邦が残された数十騎を連れて呂沢に身を寄せたことに注目し、「この乱戦の中にあって周呂侯呂沢のみは旗幟を鮮明にし、彭城に近い下邑の町を確保して漢王支援の態勢を示す。……恵帝への後継者指名は、高祖の呂氏一族に対する報恩、彼らの支援に対する褒賞、言い換えると支援を今後も得るための保証なのであった」と指摘した[10]。これは劉盈を太子に立てた理由に対する大変鋭い指摘であると言える。

しかし、なぜ敗戦後間もないこの時期に、しかも母親の呂太后がまだ囚われている状況の中で劉盈を太子に立てなければならなかったかについては詳しく説明されていない。彭城大戦の時、劉邦に従っていた諸侯の部隊はもともと独立した軍隊であり、劉邦に投降してから一緒に彭城を占領していた。これに対し呂沢の部隊はもともと劉邦の軍隊の一部であり、劉邦が彭城に向かったときは下邑を守っていた。つまり、呂沢の部隊は他の諸侯の投降部隊とは全く性格を異にしており、彭城大戦で敗れた劉邦が呂沢の下に身を寄せたのは当然のことと言える。従って、この不安定な時期にただ「高祖の呂氏一族に対する報恩、彼らの支援に対する褒賞」のために、その甥を太子に立てるというのはやはり不自然だと思われる。では、なぜ今後の支援を得るために、敢えて敗戦間もないこの時期に呂沢の甥である劉盈を太子に立てねばならなかったのか。この点を明らかにするために、まず王室内部の事情について分析してみよう。

第二節　戚姫と趙王如意

一　戚姫の要望

これまでの研究では、劉邦の嫡長子である劉盈が太子に立てられたことは当然のこととされ、ほとんど疑問視されていなかった。しかし、よく知られているように、劉盈が太子に立てられて以後、劉邦は何度も太子を替えようとしている。しかも、その理由は、劉盈が「仁弱」であったのに対して、劉邦が最も寵愛していた戚姫との間の息子である趙王如意が劉邦に「類我」とされたからである（『史記』巻九呂太后本紀）。嫡庶を区別せず、また大臣の反対を無視してまでも太子を替えようとしたところからすると、劉邦にとっては嫡長子の身分というのはさほど重要なことではなかったと考えられる。また、戚姫は

常従上之関東、日夜啼泣、欲立其子代太子（『史記』巻九呂太后本紀）

と伝えられている。しかし、この記載にもいささかの疑問が残る。すなわち、自分が寵愛されているからと言って、すでに立てた太子を廃し、自分の子に替えてほしいと皇帝に求めるのはどう見ても行き過ぎであるからである。それに「日夜」続けて要求し、要求するたびに泣いたことから見て、戚姫にとって、この要求の裏には何か正当性があったことを示唆していると考えられる。なぜ、戚姫がこれほど執拗に要求したのだろうか。その答えは史料に求めることができる。皇太子を替えることができないことを悟った劉邦と戚姫との間に次のようなやり取りがあった。

『史記』巻五十五留侯世家に

召戚夫人指示四人者曰、「我欲易之、彼四人輔之、羽翼已成、難動矣。呂后真而主矣。」戚夫人泣、上曰、「為我楚舞、吾為若楚歌。」歌曰、「鴻鵠高飛、一挙千里。羽翮已就、横絶四海。横絶四海、当可奈何。雖有矰繳、尚安所施。」……戚夫人嘘唏流涕……

とある。ここに見える劉邦の歌にはすでにどうしようもないという気持ちがにじみ、戚姫の涙も悔しさに満ちているように読み取れる。このエピソードから推測されることは、劉邦と戚姫との間に、趙王如意を太子に立てるという約束があったのではないか、ということである。では、仮にこのような約束があったとしたら、それはいつなされたものだろうか。これを探るためには、まず趙王如意の年齢を明らかにする必要がある。

二　趙王如意の年齢

『史記』巻九呂太后本紀によると、呂太后は趙王如意を殺そうとしており、それを知る恵帝は常に趙王如意を保護していた。しかし、ある日、恵帝が早起きして狩に行った時、「年少」であった趙王如意は早起きできなかったため、呂太后に毒殺された。(11) この記述からは、趙王如意は非常に幼かったという印象を受けるが、一体趙王如意と

恵帝にはどれくらいの年齢差があったのだろうか。『史記』巻九十六張丞相列伝に

是後戚姫子如意為趙王、年十歳、……

とある。如意が趙王になったのは漢九年であるので、数え年では、秦二世三年（紀元前二〇七年）の生まれだと推定される。また、『漢書』巻二恵帝紀第二に

帝年五歳、高祖初為漢王。

とあるので、恵帝劉盈は秦始皇帝三十六年（紀元前二一〇年）の生まれである。従って、趙王如意は恵帝より三歳年下である。漢二年、恵帝劉盈が六歳で太子に立てられたとき、趙王如意はすでに三歳であった。趙王如意の母戚姫は劉邦と出会ってから寵愛を受けており、恐らく趙王如意も生まれたときから目をかけられていたと想像される。それは、自分の「意に合う」、「思い通りになる」との意味である「如意」という名前からも窺える。つまり、劉邦は初めから趙王如意を太子に立てようとしており、劉邦と戚姫との約束も趙王如意が生まれた時からすでに存在したのではないかと考えられる。ではなぜ、劉邦の思い通りに趙王如意を太子に立てることができなかったのだろうか。これについては、劉盈が太子に立てられた経緯から検討する必要がある。

第三節　太子の廃立と周呂侯呂沢

一　太子を立てた時期

劉盈が太子に立てられたのは漢二年（紀元前二〇五年）六月であった。これより前の漢二年四月、劉邦は五諸侯

の軍隊五十六万人を率いて楚に侵入した。斉を攻撃していた項羽が三万の精鋭部隊を率いて急きょ帰ってきたため、双方は彭城霊壁東の睢水の上で激戦を展開した。これが彭城大戦である。その結果、劉邦は惨敗し、数十騎を率いて逃げ出した（『史記』巻八高祖本紀）。この敗北は劉邦にとって致命的であると言っても過言ではない。劉邦は逃亡の途中、娘の魯元公主と息子の劉盈に出会った。夏侯嬰ら従者が二人の子供を馬車に乗せようとしたが、楚軍に追われている劉邦は、馬車のスピードを上げるため数回にわたり二人の子を馬車から突き落とした。夏侯嬰はその度に二人の子供を拾い馬車に乗せたため、劉邦によりあやうく殺されるところであった（『史記』巻九十五樊酈滕灌列伝）。わが子の命まで顧みようとしないこの態度から、劉邦の狼狽ぶりを窺うことができる。同時に、劉盈が劉邦の心の中でさほど重みを持っていなかったことも想像できる。それにもかかわらず、わずか二ヵ月後の漢二年六月に、劉邦は櫟陽において呂太后がいない中で劉盈を太子に立てた。

彭城大戦によって劉邦は軍事的に重大な打撃を受けたことは間違いない。このような敗戦から間もない時期に、しかも、自分の父や妻がすべて敵軍の人質に捕られた時期に、慌てて劉盈を太子に立てたことは極めて不自然である。そして、このことを説明する理由として唯一考えられるのは、呂太后の長兄呂沢の存在であろう。『史記』巻八高祖本紀第八に

呂后兄周呂侯為漢将兵、居下邑。漢王従之、稍収士卒、軍碭。

とある。つまり、劉邦が彭城に進軍した同じ時期に、呂太后の兄呂沢は軍隊を率いて下邑を占拠していた。『史記』巻十八高祖功臣侯者年表周呂侯条にも、

還定三秦、将兵先入碭

とあり、恐らくこのときの下邑、碭はすべて呂沢の支配下にあったと思われる。このため、劉邦が彭城大戦で大敗した後、下邑にいる呂沢の下に身を寄せ、呂沢は劉邦の後ろ盾となった。その後、劉邦は敗軍を集めながら西へ撤退した。そして、劉邦が滎陽に至ったときには、すでに

至滎陽、諸敗軍皆会、蕭何亦発関中老弱未傅悉詣滎陽、復大振。(『史記』巻七項羽本紀)

という状況であった。ここに「復た大いに振う」とあるが、集まったのは敗軍と蕭何によって集められた老弱であり、戦闘力がなく、さほど頼りにならない軍隊であったことは明らかだろう。従って、大敗後の劉邦にとって呂沢の軍事力は欠かすことのできないものであったと推測できる。

しかし、このとき呂太后は楚軍の人質となっており、いつ殺されるかわからない状態にある。呂太后がいなくなると、劉邦と呂沢のつながりが弱まるのは確実である。万が一呂太后が殺され、戚姫が劉邦の嫡妻となり、その息子如意が太子となれば[12]、呂氏一族にとっては何の利益もないだけでなく、一族の安全も保障されない情況になりかねない。そうなると、呂沢は劉邦のために命懸けで戦う必要もなくなるだろう。こうしたことから、劉盈が太子に立てられたのは、呂沢を自らの下に引き止めるための戦略あるいは条件であった可能性が非常に高い[13]。これは次に述べる廃太子騒ぎからも推測できる。

二　廃太子騒ぎと周呂侯呂沢の関係

劉盈が太子に立てられた後にも、劉邦は数回に亘って太子を替えようとしている。史料を検討してみると、これらも呂沢と強い関係があったことがわかる。『史記』巻九呂太后本紀に

如意立為趙王後、幾代太子者数矣。

とある。つまり、太子を替える話が出てきたのは如意が趙王になってからのことである。如意が趙王になったのは、先に述べたように漢九年（紀元前一九八年）であり、まさにその前年に呂沢が亡くなっている。劉盈が太子に立てられた事情とあわせて考えてみると、恐らく偶然ではなかろう。つまり呂沢が生きている限り、劉邦は廃太子のことを言い出せなかったのではないかと考えられる。それでは、呂沢がなぜ劉邦に対してこれほどの影響力があったのだろうか。漢帝国の中で、呂沢とは一体どのような存在だったのだろうか。

前述したように、呂沢は呂太后の長兄であり、建成侯呂釈之は呂太后の次兄であった。『史記』巻十八高祖功臣侯者年表によると、長兄呂沢は漢のために各地を転戦した。一方次兄呂釈之[14]は楚漢戦争期に主に沛におり、劉氏・呂氏の親族を守っていた。この功績により、二人とも漢帝国樹立後早い時期に封侯されており、呂沢は第十一位で周呂侯に、呂釈之は第十二位で建成侯に封じられた。二人の功績が大きく、また劉邦からも高く評価されていたことがわかる。また、『史記』巻十八高祖功臣侯者年表には、功臣たちの経歴と功績が記されているが、その末尾に「属韓信」「属周呂侯」というように「属○○」などと書かれている場合がある。その内訳は、「属韓信」九人[15]、「属周呂侯」四人、「属劉賈（劉邦の従兄弟）」二人、「属雍歯」一人の合わせて十六人いる。これを他の記事とあわせて考えてみると、楚漢戦争時に、劉邦集団がいくつかの軍団から構成されていたと考えられる。韓信が独自に軍隊を率いて斉などで作戦を展開していたことは周知の通りであるが、劉邦が「還定三秦」時、呂沢も「将兵先入碭」となっており（『史記』巻十八高祖功臣侯者年表）、また劉賈も漢楚の決戦に際し、先に楚の寿春に入ったように単独での軍事行動を行ったことがある。すなわち、劉邦集団は楚漢戦争中、終始一つの軍団として行動していたのではなく、常にいくつかの軍団に分かれて行動していた。さきの「属○○」をもとに数えてみると、時期にずれがあるものの、楚漢戦争期には劉邦軍団・韓信軍団・呂沢軍団・劉賈軍団・雍歯軍団の少なくとも五つの軍団があった。また封侯された者の数から見ると、呂沢の配下で封侯された者は四人おり、韓信の九人に次ぐことから、呂沢軍団は韓信軍団に次ぐ大きなものであったと推測できる。このことから、呂沢が漢帝国にとって非常に重要な人物であったことが分かる。[16]また呂沢軍団の性格については史料の制約からはっきりと分からないが、漢帝国樹立に貢献した軍事力を有していたことから見て、呂沢が漢帝国樹立後も非常に大きな影響力を持っていた元老であったことはほぼ間違いない。そのため、彼の存命中に、劉邦は太子を替えることを言い出せなかったのだろう。

三　呂太后が皇后になった経緯

以上のような経緯を通じて劉盈は太子に立てられたが、呂太后が王后となったのもその延長上にあったと考えられる。『漢書』巻一高帝紀に

漢五年（紀元前二〇二年）二月、漢王即皇帝位于氾水之陽、尊王后曰皇后、太子曰皇太子……

とあり、呂太后は王后から皇后になった。しかし、呂太后がいつ、どこで王后になったのかは『史記』『漢書』ともに触れていない。太子を立てた経緯と呂太后の経歴から見れば、呂太后が王后になったのは太子が立てられたのと同じ時期であったと推測される。すなわち、呂太后は楚の人質のまま、王后に立てられたのである。

以上のことから、楚漢戦争が終わるまでにこれといった功績がなく、また六年以上劉邦と離れていた呂太后が王后の地位を手に入れられた背景には、大きな軍事力を持つ長兄呂沢の力があったことは間違いない。

それでは、漢四年（紀元前二〇三年）九月楚軍から解放され、その後皇后となった呂太后は、どのように自分の権力基盤を確立したのだろうか。

第四節　漢帝国樹立後の呂太后

一　劉邦の動向と呂太后の帝国経営

劉邦が皇帝になってから、反乱鎮圧のためにしばしば長安を離れたことは広く知られている。しかし、史料をよく調べてみると、劉邦は必要以上に長安を離れていたことがわかる。このことは表1から明らかである。

この年表から分かるように、劉邦は漢五年（紀元前二〇二年）五月に都を長安に定めてから、亡くなる漢十二年（紀元前一九五年）四月までの七年間に、長安に滞在した期間は合わせて三年半に過ぎなかった。長楽宮ができ、丞相以下の官僚機構をすべて長安に遷した漢七年（紀元前二〇〇年）から数えても、死ぬまでの五年余りの間に長安にはやはり半分ぐらいしかおらず、特に漢九年二月から十年八月までの一年半と亡くなる前の五ヵ月を除くと、ほとんど長安にいなかった。その間、表から読み取れるように劉邦は戦争時以外はほとんど洛陽にいた。その際よく連れて行ったのは言うまでもなく戚姫であった。『史記』巻九呂太后本紀に

戚姫幸、常従上之関東……呂后年長、常留守、希見上、益疎。

とある。ここで言う関東とは、表と合わせて見ると、明らかに洛陽であることが分かる。また呂太后が「留守」していたのは明らかに長安である。では劉邦が長安にいない間に、呂太后は一体何をしていたのだろうか。

二　韓信・彭越の死と呂太后の権力

韓信は卓越した軍事的才能を持っており、楚漢戦争の際には項羽が封じた斉・趙・燕などの諸侯国を降服させ、

表1　劉邦の長安における推定滞在期間

漢暦	劉　邦　の　行　方	長安にいた期間
五年五月 七月	軍隊を解散。都を長安に移す。 洛陽に赴く。	五年五月から五年七月まで二ヵ月
五年後九月 六年十二月	諸侯の子を漢中へ移す。長楽宮を建造。 諸侯と陳で会見。洛陽で論功行賞を行う。	五年後九月から六年十二月まで三ヵ月
七年二月 夏四月	長安に赴く。 洛陽に赴く。	七年二月から四月まで二ヵ月
八年冬 十二月 春三月	韓王信の残党を東垣で討伐。 東垣から長安に赴く。 洛陽に赴く。	八年十二月から春三月まで三ヵ月
八年九月 九年冬十月 十二月	洛陽から長安に赴く。 長楽宮が完成、諸王来朝。 洛陽に赴く。	八年九月から九年十二月まで三ヵ月
九年二月 十年十月 八月 九月	洛陽から長安に赴く。 諸王が来朝。 陳豨が代で反乱。 自ら討伐に行く。	九年二月から十年九月まで十八ヵ月
十一年夏三月 夏四月 秋七月	彭越が反乱、呂太后が長安から洛陽へ。 洛陽から長安に赴く。 黥布が反乱。自ら討伐に行く。	十一年四月から七月まで三ヵ月
十二年十一月 四月	黥布の軍営から長安に赴く。 長楽宮で死亡。	十二年十一月から十二年四月まで五ヵ月

注：本表は『史記』劉邦本紀と『漢書』の関連部分に基づいて推定したものである。表の中の年月は漢暦によるものであり、十月はその年の最初の月である。例えば、ある年の十月、十一月、十二月はそれぞれ夏暦の同じ年の一月、二月、三月に相当する。

自らを斉王に封じた。劉邦が項羽と決戦したときも、韓信と彭越の参戦によって最終的に勝利を勝ち取った。漢帝国樹立後、韓信は楚王となったが、まもなく反乱を起こそうとしたとされ侯に格下げされた。これを不服とした韓信は、劉邦が陳豨の反乱を討伐している間に、長安城で本当に反乱を起こそうとした。『史記』巻九十二淮陰侯列伝に

（韓信）欲発以襲呂后、太子。……（其）舍人弟上変告信欲反状於呂后。呂后欲召、恐其党不就、乃与蕭相国謀、詐令人従上所来、言豨已死、群臣皆賀。相国紿信曰、「雖疾、強入賀。」信入、呂后使武士縛信、斬之長楽鐘室。

とある。これによれば、韓信が反乱を起こそうとしたとき、最初に攻撃しようとした対象は守備の将軍や行政のトップである相国ではなく呂太后であった。また、舎人の弟が韓信の反乱の情報を報告した相手も相国ではなく呂太后であった。つまり、呂太后は当時長安の最高権力者であったことが窺える。また、報告を受けた呂太后はすぐ韓信を召見しようとしている。「召」とあることから、呂太后は長安にいて大臣や地方の王を召見する権力を持っていたことがわかる。そして、呂太后が相国蕭何と協議した上で、最終的に韓信を騙して殺したのである。

この史料は呂太后の功績として研究者によく引用されている。確かに呂太后が韓信を殺し長安を守ったことは、漢帝国に対する非常に大きな功績であったと言える。しかし、ここで指摘したいのは、呂太后が劉邦に相談もせずに韓信を殺す権力を持っていたということである。なぜなら、韓信は建国の功臣であっただけでなく、かなり人望のある人物であった[17]。皇帝と同じような権力を持つ人物でなければ、韓信のような地位と功績を持つ功臣を殺すことはできなかったと思われる。また、蕭何と韓信は大変親密な関係であり、そもそも韓信の卓越した軍事的才能を見抜き劉邦に推薦したのは蕭何だった。そのため、両者の関係を知る呂太后が蕭何と対策を相談したのは、蕭何に

対する強い信頼があったからと考えられる。また、蕭何が韓信を騙して殺すとの計画を立てて実行したのは、呂太后に対する強い信頼と服従があったからであろう。特に、劉邦がいない状況の中では、呂太后を劉邦の代わりの存在、あるいは劉邦の代理人として見ていたことは間違いない。

彭越を殺害する過程からも、呂太后が国政の運営に深く関与していたことが窺える。彭越も漢帝国の建国に多大な貢献をした功臣であったが、反乱を起こそうとした疑いで劉邦に捕えられ、洛陽から蜀の青衣に徙された。蜀に行く途中、ちょうど長安から洛陽に向かう呂太后と出会った。『史記』巻九十魏豹彭越列伝に

（彭越）西至鄭、逢呂后従長安来、欲之洛陽、道見彭王、彭王為呂后泣涕、自言無罪、願処故昌邑。呂后許諾、与倶東至洛陽。呂后白上曰、「彭越壮士、今徙之蜀、此自遺患、不如誅之。妾謹与倶来。」於是呂后乃令其舎人告越復謀反。廷尉王恬開奏請族之、上乃可、遂夷越宗族。

とある。この史料は、呂太后が劉邦の存命中より既に政治に深く関与していたことを示す最も有力な証拠の一つであると考えられる。まず、呂太后が彭越と出会ったのは彼女が長安から洛陽に行く途中であった。このことから、劉邦が洛陽にいる間、呂太后は常に長安にいたわけではなく、洛陽に行くこともあったことが分かる。呂太后が洛陽に行った理由は史料からは分からないが、劉邦と国政について相談するということは、洛陽に行く重要な目的の一つではなかったかと思われる。次に、彭越が呂太后に対して無罪を訴え、昌邑に行きたいと要望したことは、彭越にしてみれば、呂太后には自分を救う力があると考えていたことを示している。さらに、彭越は反乱を起こそうとしたことで劉邦によって蜀に追放されたにもかかわらず、呂太后は独断で劉邦の決定を覆し、その場で彭越の願望を受け入れるふりをして洛陽に連れ戻している。このことは、呂太后が国政に関する大きな権力を持っていたことを意味する。彭越に対する処分について、呂太后は自身の考えを劉邦に伝え、また彭越に対する処分を任されて

いることから、呂太后の国政への参与は劉邦の同意の下で行われていたことも分かる。特に、ここでは「呂后乃令其舎人告越復謀反」というように劉邦がいるにもかかわらず陣頭指揮をとっていることからすれば、呂太后は決して舞台裏で活動していた人物ではないことが分かる。そして、劉邦が呂太后の意見と行動に全く異議を唱えていないところから、劉邦は呂太后の能力と判断に対して強い信頼感を有していたことが窺える[18]。

以上のことから、劉邦は漢帝国の樹立後、しばしば長安を留守にしていたため、国政をあまり見ず、結果的に呂太后と蕭何に国政を任せてしまったと考えられる。しかし、漢十一年（紀元前一九六年）頃から、劉邦の蕭何に対する信頼感が揺らぎはじめ、韓信が殺された後、その不信感はますます高まり、ついには投獄までしてしまった。その結果、呂太后しか信頼できる人物がいなくなったのではないかと考えられる。そのため、劉邦が病気になってから国政の運営を一層呂太后に頼らざるを得なくなったと思われる。

『史記』巻九十三韓信盧綰列伝によると盧綰は、

往年春漢族淮陰、夏誅彭越、皆呂后計。今上病、属任呂后。……

と言っている。また、劉邦が亡くなる前に、呂太后は劉邦死後の人事について訊ねている。遺言自体の信憑性はともかくとして[19]、周囲の人々が、彼女が遺言を聞いたということを信じたこと自体、呂太后がかなり大きな権力を持っていたことが考えられる[20]。

以上のように、剛毅な性格であった呂太后は漢帝国の安定と運営に大きく貢献していた。

第五節　呂太后の権力基盤

一　功臣たちとの関係

呂太后は長期間にわたり国政を運営することを通じて、大臣たちと一定の信頼関係を築き上げたと思われる。例えば劉邦が亡くなった後、呂太后は趙王如意を殺そうとして、何度も趙王如意を召した。趙の丞相周昌[21]が呂太后の意向を察知したため、趙王如意を長安に行かせなかった。呂太后は仕方なく、まず周昌を長安に召した。呂太后は周昌に対し、

怒而罵曰、「爾不知我之怨戚氏乎。而不遣趙王、何。」（『史記』巻九十六張丞相列伝）

と言っている。ここに「怒って罵る」とあるのは、呂太后の大臣たちに対する驕慢な振舞いの現れと理解されがちであるが[22]、しかし、罵っている内容は「私が戚氏のことを怨んでいるのを知らないのか。なぜ趙王を行かせないのか」である。この罵り方から見れば、それは明らかに自分に協力してくれなかった旧友に対する不満であり、少なくとも以前は呂太后と周昌の関係がよかったことが窺える。

また、張良との間にも同じような親しい関係が見られる。『史記』五十五留侯世家に

上欲廃太子、立戚夫人子如意。大臣多諫争、未能得堅決者也。呂后恐、不知所為。人或謂呂后曰、「留侯善画計筴、上信用之。」呂后乃使建成侯呂沢[23]劫留侯、曰、「君常為上謀臣、今上欲易太子、君安得高枕而臥乎。」留侯曰、「始上数在困急之中、幸用臣筴。今天下安定、以愛欲易太子、骨肉之間、雖臣等百余人何益。」呂沢彊要

曰、「為我画計」、留侯曰、「此難以口舌争也。……」

とある。ここでは張良に対して、「劫」という言葉が使われており、前掲美川氏は、呂太后が権力を振るって張良に対する脅迫を行ったと解釈している。「劫」には確かに「脅迫」の意味があるが、「無理やり」の意味もある。呂太后やその兄と張良とのやり取りを見れば、「脅迫」というよりは、「無理やり」に頼んだとの解釈の方が妥当に思える。なぜなら、張良は参謀として劉邦とともに行動し、漢初の政治中枢でもカリスマ的な存在であり、呂太后の権力が張良に及んでいたとは考えられず、とりわけ廃太子のような微妙な問題に対して、張良のような人物を脅迫することは大変危険なことである。従って、「劫」とは脅迫ではなく、権力に基づく強制でもない。それは親しい人に無理やり何かを頼むことであると考えられる。呂太后と張良の間にあるこのような親しい関係は次の逸話からも確認できる。

劉邦が亡くなった後、張良は道教の教えに従い、体を軽くするために、穀物を食べないように「辟穀」をした。それを知った呂太后は張良に無理やり食べさせた。『史記』巻五十五留侯世家に

（張良）乃学辟穀、道引軽身。会高帝崩、呂后徳留侯、乃彊食之、曰、「人生一世間、如白駒過隙、何至自苦如此乎。」留侯不得已、彊聴而食。

とある。ここにも呂太后の張良に対する「強要」が見られるが、これもやはり親しい人の間に見られる「無理やり」であり、決して脅迫ではない。こうしたことから、呂太后及び呂氏一族が張良と大変親しい関係にあったことが容易に理解できよう。

劉邦の部下たちとこのような親密な関係ができ上がったのは、恐らく漢帝国の樹立後、呂太后が長安で国政を運

営している間のことと考えられる。この頃、周昌は御史大夫として呂太后に協力して国政を運営しており、この間、両者の間で親しい関係ができ上がったのであろう。また、張良は体が弱かったため常に長安におり、また太子少傅となったこともあった。このため、呂太后との接触も少なくなかったと考えられる。

この他にも、呂太后と大臣たちとの公的・私的な関係を示す事例は多く見られる。例えば、前述の韓信が反乱を起こそうとした時の呂太后と蕭何の対応はその一例である。また、夏侯嬰はかつて恵帝と魯元公主を救ったことがあるため、呂太后から非常に感謝されていた。劉邦死後、呂太后は自分に近いところに住んでもらうため、宮殿の近くにある邸宅を夏侯嬰に与えている(24)。

このように、劉邦が長安を留守にしていたときに、一部の大臣は劉邦とともに行動しただろうが、多くの者は長安に残り呂太后とともに都の建設や国家の運営に従事していたと考えられる。韓信や彭越をめぐる呂太后の対応から分かるように、彼女は情勢を冷静に判断し、素早く行動する能力を持っていた。彼女のこのような優れた政治能力は国政運営の様々な面において現れただろう。劉邦不在の間、彼女は蕭何・周昌・張良だけではなく、多くの大臣たちとも強い信頼関係を築き、彼らの支持と協力を得たのではないかと推測される。劉邦が皇太子を替えようとした時、多くの大臣が激しく反対したことも、その表れの一つであった。

二　廃太子騒ぎから見た呂太后の権力基盤

『史記』巻九呂太后本紀に

如意……幾代太子者数矣、頼大臣争之、及留侯策、太子得無廃。

とある。このような記載は他の史料にも散見しており、劉邦の廃太子の動きはかなり強い抵抗にあったことが分か

る。その中でも特筆すべきなのは周昌の反応である。『史記』巻九十六張丞相世家に

及帝欲廃太子、而立戚姫子如意為太子、大臣固争之、莫能得。上以留侯策即止。而周昌廷争之彊、上問其説、昌為人吃、又盛怒、曰、「臣口不能言、然臣期期知其不可。陛下雖欲廃太子、臣期期不奉詔」

とある。激憤のあまり、劉邦が太子を替えようとしてもその詔には従わないとまで言い出した。すなわち、劉邦と縁を切るつもりであった。大臣たちが太子を替えてはならないと主張する理由は、太子太傅叔孫通がもっともはっきりまとめている。『史記』巻九十九叔孫通列伝に

叔孫通諫上曰、「昔者晋献公以驪姫之故廃太子、立奚斉、晋国乱者数十年、為天下笑。秦以不早定扶蘇、令趙高得以詐立胡亥、自使滅祀、此陛下所親見。今太子仁孝、天下皆聞之、呂后与陛下攻苦食啖、其可背哉。陛下必欲廃嫡而立少、臣願先伏誅、以頚血汚地。」

とある。叔孫通が太子を廃してはならないとする理由は二つある。一つは太子を替えることによる混乱を避けるべきであること。もう一つは呂太后には大きな功績があり、彼女を裏切るべきではないこと。「呂后与陛下攻苦食啖、其可背哉」という主張は、呂太后の功績が大臣たちにも広く認められていた証拠である。劉邦が最終的に功臣たちの意見を受け入れて、太子を替えなかった背景には、大臣たちのこのような意見が強いことと、彼自身も呂太后の功績を認めていたことによるものではないかと考えられる。

確かに、漢八年（紀元前一九九年）、周呂侯呂沢の死去により呂太后は強力な後ろ盾を失った。このことは呂太后の権力基盤をかなり弱体化させ、翌年から始まった廃太子騒ぎにつながった。しかし、呂太后は次兄建成侯呂釈之及び大臣たちの協力を得て無事太子の地位を保つことができた。むしろこのような廃太子騒ぎを通じて、呂太后の

権力基盤が強化されたとも言える。この強固な基盤の前で、劉邦の廃太子の構想は結局も挫折せざるを得なかった。劉邦は「鴻鵠は高く飛び、一挙にして千里。……四海を横絶し、当に奈何とす可きや」と嘆いたが、これは太子劉盈の力に無力感を感じたというより、むしろ彼の後にいる呂太后の力の強さを嘆いたのであろう。漢代には皇太子交替の事例が多くあることを考えれば、漢の開祖である劉邦が意のままに皇太子を替えることができなかったのは極めて異例なことと言わざるを得ない。例えば、後漢の開祖劉秀の場合、皇太子のみならず皇后まで大きな抵抗にあうことなく簡単に替えてしまっている[25]。つまり、劉邦が皇太子を替えることができなかった理由は呂太后の権力基盤の強さに求めるのが妥当であろう。

三　呂氏勢力に対する劉邦の警戒

廃太子騒ぎにより呂太后及び呂氏一族の力の強さを思い知らされた劉邦は、神経質になるほど呂太后の勢力に強い警戒感を持つようになった。その典型的な事例として、樊噲が「党呂氏」と密告され、危うく殺されそうになったことが挙げられる。『史記』巻九十五樊酈滕灌列伝に

其後盧綰反、高帝使噲以相国撃燕。是時高帝病甚、人有悪噲党於呂氏、即上一日宮車晏駕、則噲欲以兵尽誅滅戚氏、趙王如意之属。高帝聞之大怒、乃使陳平載絳侯代将、而即軍中斬噲。

とある。この史料からは樊噲が本当に呂氏に党したかどうかははっきりとしないが、重要なことは劉邦がそれを信用し直ちに樊噲を殺そうとしたことである。樊噲と劉邦は若い頃からの親友であり、劉邦が始皇帝の軍に追われたときに一緒に芒碭山で逃げ回り[26]、項羽との鴻門の会でも命がけで劉邦を守った[27]。また、劉邦が病気になった時も樊噲は心配のあまり禁令を破って大臣らを連れて宮殿に入った[28]。そして、劉邦が亡くなる前に、樊噲を相国にして自

分の替わりに軍隊を率いて燕を討伐に行かせた。こうしたことから分かるように、劉邦は樊噲のことを大変信頼していた。それにもかかわらず、樊噲が「党呂氏」であると聞くやいなや、長年の盟友もすぐに殺そうとするほど信じてしまった。このことから見て、呂太后の勢力は劉邦に強く警戒されていたことが分かる。

劉邦が亡くなってから、呂太后が少帝期を含め十五年間権力を握り続けることができた背景には、このような彼女独自の権力基盤があったと言えよう。

おわりに

呂太后の権力基盤にとって、劉邦の嫡妻であることは非常に重要であり、彼女の権力の源泉であることは言うまでもない。しかし、一方では、嫡妻の身分は呂太后に政治活動を展開する資格を提供したに過ぎず、それだけでは建国初期の複雑な政治情勢の中で、権力を握り続けることを保証されない。また、恵帝が亡くなった後、軍権の掌握が呂太后の統治を強化したことは確かであるが、この軍権を握ることができたのは彼女自身がすでに強い権力基盤を作り上げていたためであった。

本章の分析から分かるように、呂太后は漢帝国の樹立までほとんど功績がなく、長兄周呂侯呂沢の軍事力を背景にして皇后の地位を手に入れた。漢帝国樹立後、劉邦が頻繁に、しかも長期間長安を離れたため、彼女は直接国政に関与する機会に恵まれ、その過程で、彼女の能力と権威が大臣たちに認められ、また大臣たちとの間に強い信頼関係を築き上げることができたのである。これが彼女独自の権力基盤となったと思われる。しかし、呂太后が独自の権力基盤を持ったとしても、劉邦死後、その後ろ盾がなくなったことは明らかである。さらに息子の恵帝が亡くなった後、呂太后の立場はさらに弱くなったと考えられる。このような情勢の中で、呂太后はどのように漢帝国を統治していったのだろうか。このことを究明するために、権力構造に最も重要な影響を持つ軍隊のあり方について検討する必要がある。次章では、当時の南北軍について検討することにしたい。

注

（1）谷口やすよ「漢代の皇后権」（『史学雑誌』八七―十一、一九七八年）、「漢代の『太后臨朝』」（『歴史評論』三五九、一九八〇年）。
（2）美川修一「所謂漢の高祖の功臣の動向について――呂后専権の基盤――」（『中国前近代史研究』所収、早稲田大学文学部東洋史研究室編集、雄山閣出版社、一九八〇年）。
（3）筆者の知る限りにおいて前漢にはこのような習慣はなかった。
（4）李開元『漢帝国の成立と劉邦集団――軍功受益階層の研究――』（汲古書院、二〇〇〇年）。
（5）『史記』巻九呂太后本紀に
　七年秋八月戊寅、孝恵帝崩。発喪、太后哭、泣不下。留侯子張辟彊為侍中、年十五、謂丞相曰、「太后独有孝恵、今崩、哭不悲、君知其解乎。」丞相曰、「何解。」辟彊曰、「帝毋壮子、太后畏君等。君今請拝呂台・呂産・呂禄為将、将兵居南北軍、及諸呂皆入宮、居中用事、如此則太后心安、君等幸得脱禍矣。」丞相乃如辟彊計。太后説、其哭乃哀。呂氏権由此起。乃大赦天下。九月辛丑、葬。太子即位為帝、謁高廟。元年、号令一出太后。
とある。
（6）胡一華「劉邦逝世后闘争述評」（『麗水師専学報』、一九八四年第三期）、裴洛「呂后的発跡、権術和傾覆」（『文科教学』一九八〇年第一期）などを参照。
（7）これについて、『漢書』には異なる記述がある。『漢書』巻十六高恵高后文功臣表審食其条に「以舎人初起、侍呂后、孝恵。二歳十月、呂后入楚、食其従一歳、侯」とある。このように、時間については『史記』と『漢書』の間に一年の食い違いがある。本書では『史記』の説に従って議論するが、仮に『漢書』の説が正しくても、本書の議論にはさほど影響しないと考える。
（8）また、『漢書』巻一高帝紀漢元年（紀元前二〇六年）条に「九月、漢王遣薛欧、王吸出武関、因王陵兵、従南陽迎太公、呂后於沛。羽聞之、発兵距之陽夏、不得前。」とある。このことは劉邦が家族を蜀漢に連れて行かなかったことを示している。
（9）『史記』巻七項羽本紀による。本書巻末の劉邦年表参照。
（10）薄井俊二「恵帝の即位――漢初政治における外戚の役割――」（『埼玉大学紀要』（教育学部・人文・社会科学）第四十一巻第一

号、第二号、一九九二年)。

(11)『史記』巻九呂太后本紀に

孝恵元年十二月、帝晨出射。趙王少、不能蚤起。太后聞其独居、使人持酖飲之。犂明、孝恵還、趙王已死。

とある。

(12)漢代では「子以母貴」「母以子貴」の考え方があり、皇后の子を皇太子に立てるのは一般的である。詳しくは拙稿「試論西漢的皇后冊立標準及其対政治的影響」(『言語文化論究』第二十一号、二〇〇六年)参照。

(13)これまで、呂太后は劉邦の嫡妻、劉盈は劉邦の嫡長男であると認識されているので、劉盈が太子に立てられたのは当然のことされように思われ、あまり重要視されなかった。しかし、本書第五章で検討するように、劉盈は劉邦の嫡長男ではなかった可能性がある。劉盈が太子に立てられる前に、劉邦には三人の息子がおり、劉盈と趙王如意の他に、後の斉悼恵王になった劉肥もいた。三人の中で劉肥は最年長であり、趙王如意は最も寵愛されているため、二人とも太子に立てられる可能性も十分ありえた。こうした状況だからこそ、劉邦は強い軍事力を持つ周呂侯呂沢を引き留めるため、わざわざ敗戦後間もない時期に唐突にも劉盈を太子に立てたのではないかと考えられる。

(14)呂太后の二人の兄の名前について、『史記』と『漢書』では記載の混乱が見られる。『史記』巻十八高祖功臣侯者年表と『漢書』巻十八外戚恩沢侯表では周呂侯呂沢・建成侯呂釈之としているが、『史記』巻五十五留侯世家と『漢書』巻十張陳王周伝の張良伝では建成侯呂沢となっている。本書では、長兄と次兄の名前をそれぞれ周呂侯呂沢と建成侯呂釈之とする。注23参照。

(15)この九人のうち、一人は灌嬰に属すとあるが、灌嬰は一貫して韓信の部下だったため、灌嬰に属すことは韓信に属するのと同じであると考えて大過ないだろう。

(16)周呂侯呂沢は大物であったのにもかかわらず、なぜ史書にはその功績が全く見られないのか。それはまさに李開元氏が前掲注4の中で指摘したように、前漢初期の漢政府における呂氏一族の歴史に対して人為的な修正が加えられたためであろう。呂氏一族は呂太后死後のクーデターの中で皆殺しにされたため、クーデターの最大な受益者である文帝及びその子孫は、自分たちの正当性を主張するために、呂氏一族の族殺を正当化しなければならない。このため、呂氏一族の漢帝国樹立期における貢献をできる限り抹消したのではないかと考えられる。史書に残された呂沢に関する記載はどうしても抹消しきれなかった部分だけであると思われる。

(17)韓信の人望について以下の史料がある。『史記』巻九十二淮陰侯列伝に

淮陰侯韓信嘗過樊将軍噲、噲跪拝送迎、言称臣、曰「大王乃肯臨臣」

とある。韓信はこのころ、すでに王から格下げられ、樊噲と同じように列侯になった。それにもかかわらず、韓信が樊噲の家

に寄った時、樊噲は韓信を「大王」と呼び、自身のことを「臣」と言い、まるで身に余る寵愛を受けたように大変喜んでいる。韓信について一緒に戦場で戦ったことのない樊噲でさえ、韓信に対してこのような態度を取っていることから見ると、韓信の元の部下であった曹参・灌嬰・傅寛などは韓信のことを大変尊敬していたはずである。また、『史記』巻九十二淮陰侯列伝に「陳豨拝為鉅鹿守、辞於淮陰侯（韓信）。淮陰侯挈其手、辟左右与之歩於庭、仰天歎曰、『子可与言乎。欲与子有言也。』曰、『唯将軍令之』」とあり、陳豨の態度も大変恭順であることが読み取れる。

(18)韓信と彭越が殺されたことについて、薄井氏は注10の中で「呂后の後見のもとで恵帝が皇帝代行をつとめていた」と考えているようである。つまり、薄井氏もこの二つの事件から、劉邦不在の長安に皇帝の権力に相当するものが存在していることに注目している。また、薄井氏は太子の正当性を強調するために、この皇帝相当の権力を行使したのは太子劉盈であり、その後見人が呂太后であると主張した。しかし、韓信と彭越を殺したのは太子ではなく、太子の名義も使われなかったことに注目すべきである。しかも、彭越が殺された場所は長安ではなかったことから見れば、太子劉盈は直接的にも間接的にも事件に関係しなかった。従って、呂太后はただの「後見人」の役割を果たしたのではなく、自ら直接権力を振るったと思われる。

(19)劉邦の遺言の信憑性について第四章で詳しく検討する。

(20)韓信と彭越を殺害した他、呂太后が重要な国事に影響を及ぼした例として以下の二つが挙げられる。一つは、漢帝国が樹立してまもない頃、匈奴との和平を図るため、劉邦は劉敬のアドバイスを受け入れ、魯元公主を匈奴に送ろうとしたが、呂太后に阻まれた。『史記』巻九十九劉敬叔孫通列伝に「呂后日夜泣、曰『妾唯太子・一女、奈何棄之匈奴。』上竟不能遣」とある。また、漢十一年、黥布が反乱した時、劉邦は病気になったため、太子劉盈を将にして、討伐に行かせようとした。『史記』巻五十五留侯世家に

漢十一年、黥布反、上病、欲使太子将、往撃之。四人相謂曰、「凡来者、将以存太子。太子将兵、事危矣。」乃説建成侯曰、「太子将兵、有功則位不益太子。無功還、則従此受禍矣。且太子所与倶諸将、皆嘗与上定天下梟将也、今使太子将之、此無異使羊將狼也、皆不肯為尽力、其無功必矣。臣聞『母愛者子抱』、今戚夫人日夜侍御、趙王如意常抱居前、上曰『終不使不肖子居愛子之上』、明乎其代太子位必矣。君何不急請呂后承間為上泣言、『黥布、天下猛将也、善用兵、今諸将皆陛下故等夷、乃令太子将此属、無異使羊将狼、莫肯為用、且使布聞之、則鼓行而西耳。上雖病、彊載輜車、臥而護之、諸将不敢不尽力。上雖苦、為妻子自彊。』」

とある。ここの「四人」は張良の薦めにより太子劉盈を補佐する四人の老者のことを指している。呂太后はこの四人のアドバイスに従い、劉盈の派遣を阻止した。これらの例は呂太后が皇太子や魯元公主の母親だから阻止することができたとも解釈できるが、この二つの事例はいずれも国家の安否に関わる事柄であり、これらのことについて、劉邦に寵愛されていない呂太后

の意見が通ったことは、呂太后の影響力の大きさを物語るものと考えられる。その影響力とは恐らく呂太后による建国後の貢献と無関係ではなかろう。

(21) 恵帝元年、諸侯王国の相国を廃し、丞相とした。

(22) 注2を参照。

(23) これは建成侯呂釈之の間違いであろう。このとき、呂太后の長兄はすでに亡くなっていたので、ここの「建成侯」は呂太后の次兄であると推測できる。

(24)『史記』巻九十五樊酈滕灌列傳に

孝恵帝及高后徳嬰之脱孝恵、魯元於下邑之間也、乃賜嬰県北第第一、曰「近我」、以尊異之。

とある。

(25) 光武帝の皇后交替事件については、西川春華「後漢光武帝期における皇后交替の背景について」(『大正大学大学院研究論集』二十、一九九六年)を参照。

(26)『史記』巻九十五樊酈滕灌列伝に

舞陽侯樊噲者、沛人也。以屠狗為事、与高祖倶隠。

と記載されている。

(27)『史記』巻九十五樊酈滕灌列伝に

時独沛公与張良得入坐、樊噲在営外、聞事急、乃持鉄盾入到営。営衛止噲、噲直撞入、立帳下。項羽目之、問為誰。張良曰、「沛公参乗樊噲。」項羽曰、「壮士。」賜之巵酒彘肩。噲既飲酒、拔剣切肉食、尽之。項羽曰、「能複飲乎。」噲曰、「臣死且不辞、豈特巵酒乎。且沛公先入定咸陽、暴師霸上、以待大王。大王今日至、聴小人之言、与沛公有隙、臣恐天下解、心疑大王也。」項羽默然。沛公如厠、麾樊噲去。既出、沛公留車騎、独騎一馬、与樊噲等四人歩従、従間道山下帰走霸上軍、而使張良謝項羽。項羽亦因遂已、無誅沛公之心矣。是日微樊噲犇入営譙讓項羽、沛公事幾殆。

と記載されている。

(28)『史記』巻九十五樊酈滕灌列伝に

先黥布反時、高祖嘗病甚、悪見人、臥禁中、詔戸者無得入群臣。群臣絳・灌等莫敢入。十余日、噲乃排闥直入、大臣随之。上独枕一宦者臥。噲等見上流涕曰、「始陛下与臣等起豊沛、定天下、何其壮也。今天下已定、又何憊也。且陛下病甚、大臣震恐、不見臣等計事、顧独与一宦者絶乎。且陛下独不見趙高之事乎。」高帝笑而起。

とある。

第二章　漢初の南北軍

はじめに

前近代社会における権力構造を検討する際、軍隊は無視できない存在である。皇帝支配体制の中で、軍隊のあり方が権力構造に大きな影響を与えることは言うまでもない。とりわけ政治情勢の不安定な呂太后期においては、軍隊を掌握することが権力を維持するために必要不可欠であった。このため、前漢初期における軍隊の実態を明らかにすることは当時の権力構造及び呂太后の権力基盤を解明する上でも重要な意味を持ち、また前漢の政治及び軍事の実態を究明する第一歩であることは贅言を要しないであろう。

前漢初期において、首都長安城内には南北軍と呼ばれる二つの軍隊があった。南北軍については、宋代以来中国内外の学者によって盛んに議論されているが、いずれも軍事史の分野においてのみ研究され、政治史とのかかわりでは研究されてこなかった。しかも、軍事史の研究においても、前漢の南北軍に対して多くの重要な点について未だに一致した認識が得られていない。例えば、南北軍とは一体どのような軍隊であり、それぞれ長安城のどこに駐屯し、どのような役割を果たしていたのか、といった基本的な問題さえ解明されてこなかった。問題の解明を困難にしている理由の一つは南北軍に関する史料の乏しさであるが、既存の史料に対しても十分な検討がなされているとは言い難い。

本章では劉邦時代から文帝時代までを対象とし、南北軍の駐屯位置とその役割について検討し、さらに呂太后期の軍隊の実態、それに基づく呂太后の統治のあり方について明らかにしようとするものである。そのために、まず、南北軍を理解する上で必要な基本史料の検討から入りたい。

第一節　南北軍に関する基本史料

前漢の南北軍に関する基本的史料は、主に『史記』と『漢書』に記載されたものだけである。本節では、その史料の全貌を示すために、先行研究において用いられた史料をすべてここに列記することにする。また、議論を展開しやすくするために、これらの史料を数字とローマ字で区切って記すことにする。

1　天下既定、踵秦而置材官於郡国、京師有南北軍之屯。（『漢書』巻二十三刑法志）

2　（呂太后八年・紀元前一八〇年）七月中、高后病甚、迺令趙王呂禄為上将軍、軍北軍。呂王産居南軍。呂太后誡産、禄曰、「高帝已定天下、与大臣約、曰『非劉氏王者、天下共撃之』。今呂氏王、大臣弗平。我即崩、帝年少、大臣恐為変。必拠兵衛宮、慎勿送喪、毋為人所制」。（『史記』巻九呂太后本紀）

3　ⓐ（呂太后八年・紀元前一八〇年）八月庚申旦、平陽侯曹窋行御使大夫事、見相国産計事。郎中令賈寿使従斉来、因数産曰、「王不早之国、今雖欲行、尚可得邪。」具以灌嬰与斉楚合従、欲誅諸呂告産、乃促産急入宮。ⓑ平陽侯頗聞其語、乃馳告丞相、太尉。太尉欲入北軍、不得入。襄平侯通尚符節、乃令持節矯内太尉北軍。太尉復令酈寄与典客劉揭先説呂禄曰、「帝使太尉守北軍、欲足下之国、急帰将印去、不然、禍且起。」呂禄以為酈兄不欺己、遂解印属典客、而以兵授太尉。太尉将之入軍門、行令軍中曰、「為呂氏右袒、為劉氏左袒。」軍中皆左袒為劉氏。太尉行至、将軍呂禄亦已解上将印去、太尉遂将北軍。然尚有南軍。平陽侯聞之、以呂産謀告丞相平、丞相平乃召朱虚侯佐太尉。ⓒ太尉令朱虚侯監軍門。令平陽侯告衛尉「毋入相国産殿門。」ⓓ呂産不知呂禄已去北軍、乃入未央宮、欲為乱、殿門弗得入、裴回往来。ⓔ平陽侯恐弗勝、馳語太尉。太尉尚恐不勝諸呂、未敢訟言誅之、乃遣朱虚侯謂曰、「急入宮衛帝。」朱虚侯請卒、太尉予卒千余人。入未央宮門、遂見産廷中。ⓕ日餔時、遂撃産。産走。天風大起、以故其従官乱、莫敢闘。逐産、殺之郎中府吏廁中。ⓖ朱虚侯已殺産、帝命謁者持節労朱虚侯。朱虚侯欲奪節信、謁者不肯、朱虚侯則従与載、因節信馳走、斬長楽衛尉呂更始。還、馳入北軍、報太尉。太尉起、拝賀朱虚侯曰、「所患独呂産、今已誅、天下定矣。」（『史記』巻九呂太后本紀）

4　（文帝元年・紀元前一七八年）乃夜拝宋昌為衛将軍、鎮撫南北軍。以張武為郎中令、行殿中。（『史記』巻十文帝本紀）

5　（文帝二年・紀元前一七七年十一月）今縦不能罷辺屯戍、而又飭兵厚衛、其罷衛将軍軍。（『史記』巻十文帝本紀）

6　（征和二年・紀元前九一年）太子召監北軍使者任安発北軍兵、安受節已、閉軍門不肯応太子。太子引兵去、敺四市人凡数万衆、長楽西闕下、逢丞相軍、合戦五日……（『漢書』巻六十六劉屈氂伝）

7　城門校尉掌京師城門屯兵、有司馬、十二城門候。中塁校尉掌北軍塁門内、外掌西域。屯騎校尉……凡八校尉、皆武帝初置、……秩皆二千石。（『漢書』巻十九百官公卿表）

8　更為衛将軍、両宮衛尉、城門、北軍兵属焉。（『漢書』巻五十九張安世伝）

9　①郎中令、秦官、掌宮殿掖門戸、有丞。武帝太初元年更名光禄勲。②衛尉、秦官、掌宮門衛屯兵、有丞。……長楽、建章、甘泉衛尉皆掌其宮、職略同、不常置。③中尉、秦官、掌徼循京師。……武帝太初元年更名執金吾。属官有中壘、寺互、武庫、都船四令丞。都船、武庫有三丞、中塁両尉。……（郎中令、衛尉、中尉）秩皆中二千石、丞皆千石。（『漢書』巻十九百官公卿表）

史料1から5までは高祖期から文帝期までの南北軍の沿革を記したものであり、史料6から8までは武帝期以後の北軍に関する記述である。武帝期以降、南軍は史料に見られなくなった。史料9は直接南北軍と関係がないが、先行研究では、南北軍の問題を議論する際の補助資料として使われている。

第二節　先行研究における南北軍

史料1から史料9までを一読すると分かるように、漢初の長安には軍隊と思われるものが南北軍のほかに、中尉の「軍」、衛尉の「軍」と郎中令の「軍」があった。史料9によれば、郎中令の「軍」は主に宮殿の殿門及び宮殿内の警備を担当し、衛尉の「軍」は主として未央宮の宮城の城門及び宮城内の警備を担当し、中尉の「軍」は未央宮宮城の門外から長安城内の治安を担当した[1]。南北軍と中尉の「軍」、衛尉の「軍」、そして郎中令の「軍」の関係に関するこれまでの諸説を整理すると、概ね以下の五説に分類することができる。

一　説1――南軍を衛尉と郎中令の軍、北軍を中尉の軍とする説

元代の馬端臨は『文献通考』の中でその根拠を以下のように詳しく示している（便宜上、その文章に丸数字をつける）。

①京師有南北軍之屯（注漢旧儀殿外門署衛尉殿内郎署属光禄勳南軍也）。南軍衛主之、掌宮城門内之兵。②百官表衛尉掌宮門衛屯兵。而高后紀言、周勃既入北軍、尚有南軍、乃令平陽侯告衛尉無納呂産。時呂禄為将軍、掌北軍、産為相国、掌南軍。太尉已入北軍、尚有南軍、故未敢訟言誅産。已告衛尉毋納相国産殿門、産欲入未央宮為乱、弗得入、蓋産所将南軍当在殿廬之内。③及宣帝用張安世為衛将軍、両宮衛尉城門北軍属焉、不言南軍、蓋衛即南軍。④戻太子変時京師兵尽発、独不聞発南軍、蓋衛士従上在甘泉也。以此知南軍為宮城兵而衛尉主之。（『文献通考』巻百五十兵制二）

このうち論拠①は馬端臨の引用ミスであり、『漢旧儀』に「南軍也」の三文字がないことは、すでに浜口重国氏が指摘している。[2] そして論拠②では、呂産は乱を起こすために殿内に入ろうとしたことから、呂産が率いる南軍は殿廬内にあるはずだと推論した。しかし、この推論には必ずしも説得力がない。なぜなら、未央宮は少帝の住むところであるので、たとえ南軍が未央宮の外にあったとしても、呂禄が北軍を手放したことを知らない限り、何か緊急事態が起きた場合呂産は未央宮に入って少帝を補佐するはずだからである。従って、呂産が未央宮に入ろうとしたからといって、南軍が未央宮内にあるとは言いきることはできない。また論拠③・④は史料6・8を引き、そこで南軍が言及されていない点について、論拠③では「衛即南軍也」とし、論拠④では南軍が皇帝と共に長安城外に行ったのではないか、としているが、これは推測でしかない。また論拠③の場合、もし馬端臨の言う「衛即南軍也」の「衛」が本当に南軍であるなら、なぜ班固は史料8の中に直接南軍と書かずに、「両宮衛尉」と書いているのか。馬端臨の説はこの点についても説明できない。さらに、史料8自体が宣帝期のものであり、論拠②に述べられている諸呂の乱より百年以上も経っている。この百年の間、文帝と武帝による改革を経て、政治・軍事制度が大きく変わっていることは言うまでもない。特に、武帝期には軍事拡張路線が取られたため、軍隊の設置状況は前漢初期とは根本的に変わっている可能性が高い。このようなことを無視して、直ちに宣帝期の史料に基づき前漢全体の制度を説明するのは説得力に欠けると言わざるを得ない[3]。

以上のように、この説の論拠には大きな問題が含まれていると思われる。しかし、そうした欠陥はあるものの、この説は南北軍の研究に先鞭をつけた先駆的な意義を有する。その他の諸説はこの説を修正した上で生まれたものである。次の説2はその中の典型的な例である。

二　説2——南軍を衛尉の軍、北軍を中尉の軍とする説

説2は大筋において説1を踏襲しつつも、郎中令について説1を批判し、次のような理解を示す。すなわち、史料4に見られるように、文帝は入宮してからすぐ南北軍を衛将軍宋昌に統率させ、殿中の警備を郎中令張武に任せている。このことから、南北軍と郎中令は別々の軍隊であったことが分かる。従って、南軍には郎中令の「軍」が含まれず、衛尉の「軍」だけで構成された、という。この説はこれまでほぼ史学界の通説となっている。宋の山斎易[4]を始めとして、中国の研究者労榦氏[5]、孫惺棠氏[6]、黄今言氏[7]、日本の研究者浜口重国氏[8]と西嶋定生氏[9]もこのように南北軍を理解している。

説2では、郎中令の「軍」を史料に基づき南北軍から分離した点は傾聴に値するが、南軍と北軍の位置についての理解には問題が残されている。多くの研究者は南北軍の駐屯場所に着目し、未央宮は長安城の西南部にあるので、衛尉の軍は南軍であると論証した[10]。確かに南北軍はその地理的位置により、南軍・北軍と呼ばれたであろう。しかし、このことから直ちに衛尉の軍が南軍であると結論することはできない。当時、長安城内には重要な宮殿は未央宮と長楽宮しかなく、しかも長楽宮は長安城の東南部にあった。もし北軍が北部に駐屯し、南軍が未央宮に置かれた衛尉の軍であるならば、長楽宮の警備はどうなるだろうか。後に触れるように劉邦は長楽宮で亡くなり、呂太后

もずっとそこに住んでいたと思われる。そのため、長楽宮を警備する軍隊もあったはずである。この視点から第三の説が生まれた。

三　説3――南軍を未央宮衛尉の軍、北軍を長楽宮衛尉の軍とする説

この説は清代の兪正燮が最初に主張した[11]。滝川資言『史記会注考証』の中にこの説が引用されている。この説の概要は次の如くである。

1　未央宮は長安城の西南にあるので、未央宮の衛尉の軍は南軍であり、長楽宮は長安城の東にあるから、長楽宮の衛尉の軍は北軍である[12]。

2　史料2において呂太后が呂禄・呂産に「必拠兵衛宮、勿送葬」と言ったことは、南北軍が両宮の守備軍としての性格を持っていたことを示している。

3　史料3で周勃が北軍に入って、「為呂氏右袒、為劉氏左袒」と言ったが、それは北軍がもともと呂太后の警護をしていたからである。呂太后は長楽宮に住んでいたので、北軍は必ず長楽宮の衛尉の「軍」でなければならない。また呂産は南軍を率い、相国として少帝を補佐していたが、少帝は未央宮に住んでおり、呂産も未央宮にいたはずであるので、南軍は間違いなく未央宮の衛尉の「軍」である。

この説の第二論拠は非常に示唆に富む見解で、今日なお顧みられるべきである。確かに呂太后の遺言により、南北軍の守備軍としての性格がほぼ確認できると思われる。しかし、論拠1については、次に述べる説4における賀昌群氏[13]による要を得た批判がある。つまり、未央宮と長楽宮は東西に並列しており、守備軍が宮城の位置に従い名づけられるのであれば、南北軍ではなくて、東西軍と呼ばれたはずだ、という反論である。また論拠3についても議論の余地がある。つまり、呂太后にとって未央宮は長楽宮と同じかそれ以上に重要な宮殿であり（このことは呂

太后が最後に未央宮で死を迎えたことからも窺える）、未央宮を守る軍隊は長楽宮を守る軍隊と同じように呂太后に対する忠誠が求められる。従って、史料3ⓑに見える「左右袒」の選択は、北軍が呂太后の住む長楽宮を守る軍であるからそうさせたのではなく、未央宮を守る軍に対しても同じようなことをさせたはずである。

また、のちにみる説5で楊鴻年氏[14]が指摘したように、もし北軍が長楽宮衛尉の「軍」であると理解するならば、史料3ⓖと矛盾が生じる。すなわち、周勃の北軍と長楽宮衛尉呂更始の北軍とはどのような関係にあったのか。もし同じ北軍であるならば、朱虚侯劉章が長楽宮に入ったことは北軍に入ったことになり、呂更始を殺してから再び北軍に還ったという記述はどのように理解すべきであろうか。このように、説3では史実と矛盾してしまう。そこで、同じく長楽宮を重視する視点から第四の説が生まれた。

四　説4——南軍を長安城南部の軍、北軍を長安城北部の軍とする説

賀昌群氏は「漢初之南北軍[15]」において、南軍を未央宮と長楽宮衛尉の軍＝長安城南部の軍、北軍を中尉の軍＝長安城北部の軍とする見解を示しており、また小倉芳彦氏[16]も同様に理解しているようである。賀氏は、南軍は単に未央宮を守るための軍隊ではなく、長楽宮も守備の対象としたはずだと主張している。その主な論拠は、①長安城は未央宮と長楽宮を軸として南北に分かれている。②史料8で「両宮衛尉」と言っているのは、南軍が未央宮の守備軍だけではなくて、長楽宮の守備軍でもあることを指す。③史料7と史料9の中尉条の記述を組み合わせ「中塁校尉……掌北軍塁門。又云、中尉之属、有中塁令丞。則中塁校尉既為中尉之属、而中尉所掌為北軍審矣」と考えている。つまり、中尉の下に中塁令丞があり、中塁校尉も同じく中尉に属すと推論し、また中塁校尉が北軍の塁門を掌ることから、中尉も北軍を司るものだとしている。

以下、賀氏の議論について検討したい。まず①について、長安城は未央宮と長楽宮を軸として南北に分かれてい

るのは確かであるが、だからと言って、南北軍が必ずそのように配置されたとする根拠にはならない。②についてはは説1の論拠③の議論を参照されたい。③について、賀氏の論証には論理上の問題がある。つまり中尉の下に中塁令丞があったとしても、中塁校尉が同じく中尉に属する理由にはならない。『漢書』巻十九百官公卿表の城門校尉条に

……中塁校尉掌北軍塁門内、外掌西域。……凡八校尉、皆武帝初置、有丞・司馬。自司隷至虎賁校尉、秩皆二千石。

とある。この史料と第二節の史料9③から分かるように、中塁令丞と中塁校尉は明らかに違う役職であり、中塁校尉が中尉に属しているとはどこにも示されていない。従って、中塁校尉が北軍の塁門を司っていることから、中尉の軍が北軍であるという結論は、中塁校尉と中塁令丞を混同したことから得られた推論である。事実、中塁校尉は二千石の役職なのに対し、中塁令丞は千石の役職に過ぎないので、全く違う階級の役職である。

以上の四つの説をみてみると、それぞれ相違があるものの、衛尉の軍が南軍である（あるいは南軍に含まれている）という点については一致している。また、これらの説においては、史料3がもっとも重要な論拠として用いられている。しかし、これら諸説が正しいとすると、逆に史料3についてうまく解釈できなくなってしまう。筆者は史料3を八点にまとめて、第四節において詳細に検討するが、結論から言えば、同じ史料3を使っても全く違う解釈が可能であり、しかもより説得力のある解釈ができる。

ただし、ここまでの議論では、諸説の問題点を指摘しただけであり、このことから直ちに諸説が間違っていると判断することはできない。楊鴻年氏はその論著『漢魏制度叢考』[17]の中で、以上の諸説が正しいと仮定した場合の、史料5との矛盾点を指摘している。則ち、文帝二年に南北軍が廃止された。もし諸説で言われるように、未央宮衛

尉の軍が南軍で、中尉の軍或いは長楽宮衛尉の軍が北軍であるとするならば、この時点から未央宮と長楽宮あるいは長安城には守備部隊がいなくなることになるが、これはありえないことであろう。このことから、以上の諸説はすべて間違っているとした。楊氏の説は以下のようである。

五　説5——南北軍を野戦軍とする説

楊氏の論点は三点にまとめることができる。①南北軍は野戦軍であり、中尉・衛尉・郎中令とお互いに協力することはあるが、従属関係にはなかった。②前漢初期には野戦軍としての南北軍が設置されていたが、文帝が入京した時は非常事態であったので、本来野戦軍であった南北軍を守備軍として使った。③文帝はその後、「飭兵厚衛」はよくないことであるとし、南北軍を廃止した。その後、武帝が北軍を再建するまで南北軍は存在しなかった。

楊氏の論点③は卓見である。後漢まで北軍が存在していたため、従来の諸説はすべてこの北軍と文帝以前の南北軍を同一のものと見なしてきた。史料4から分かるように、衛将軍の軍は則ち南北軍であり、史料5において、「罷衛将軍軍」とあるように、文帝二年に南北軍が廃止されたことは明らかである。武帝期から北軍の名称が再び見られるが、それは恐らく武帝期に新しく設置した軍隊であり、文帝二年以前の南北軍と異なる可能性が大きい。史料4・5はこれまでの研究では見落とされてきた点である。

では、論点①と論点②についてはどうだろうか。楊氏は基本史料の間に見られる矛盾を整合的に説明しようと試みているが、その論証は必ずしも厳格に行われていない。まず論点①について、南北軍が野戦軍であるという根拠が示されていない。また「野戦軍」というのは近代的な概念であり、前漢初期における「野戦軍」が具体的にどのような軍隊だったのかについては説明されていない。そもそも、近代的な概念で前漢初期の軍隊について議論すること自体が誤解を招きやすいと思われる。次に論点②について、南北軍が守備軍として使われたのは文帝が入京した緊急時が初めてではなく、史料から見る限り、少なくとも呂太后期の末には南北軍を守備軍として使っている。

また、漢代軍事史に関する研究では、前漢初期において守備軍以外の常備軍が存在しなかった、という点で共通認識が得られている。(18)筆者はこのような共通認識に基づいて、南北軍を守備軍として検討していきたい。

第三節　諸説共通の問題点

前節では、説1から説4までの問題点についてそれぞれ指摘した。また、この四説に共通する問題点も以下の三点指摘できる。まず第一に、これら諸説は楊鴻年氏が指摘するように史料5と矛盾している。第二に、衛尉・中尉と南北軍の将軍とは一体どのような関係であったのかについて、どの説にも示されていない。従来の研究では、南北軍を衛尉・中尉の軍と混同し、その職務範囲も衛尉・中尉のそれと全く同じように見られている。そのため、同じ軍隊を議論する際、時には衛尉・中尉の軍、時には南軍・北軍といったように大きな混乱をもたらしている。特に、呂太后の亡くなる前に呂禄と呂産は南北軍の将軍になったが、彼らと衛尉・中尉との関係は一体どのようなものであったのか、極めて漠然としている。そして第三に、上述したように、史料3は諸説が主な論拠として用いているが、実際には、諸説では史料3をうまく説明することができない。本節では、南北軍は守備軍であるという認識に立ち、諸説と史料3との矛盾を明らかにし、本研究独自の仮説を提起したい。

①　史料3ⓐについて

御史大夫平陽侯曹窋と相国呂産が国事を相談しているところに郎中令賈寿の使者がやって来て、呂産に早く入宮するように促した。(19)ここで入宮するとは、未央宮に入ることを意味しており、呂産が未央宮の外にいたことが分かる。そこで疑問になるのは、呂太后が「必拠兵衛宮」と忠告していたにもかかわらず、灌嬰と斉王が連携したという極めて危険な時期に、未央宮を警護する南軍の将軍である相国呂産が自分の軍隊を離れて未央宮の外にいたのはなぜかということである。

② 史料3ⓑについて

太尉周勃は、呂産が入宮しようとしていることを聞き、その入宮を阻止するためすぐ北軍に入ろうとしたが、それはなぜだろうか。諸説によれば、北軍は長安城あるいは長楽宮の守備軍であり、未央宮を守る南軍と比べて、かなり権力の中枢から離れている。このような緊急時に、周勃がまず入ろうとしたのが皇帝をコントロールしやすい中心部にある南軍ではなく、未央宮の外側にある北軍であることになる。これでは、どのように呂産の入宮を阻止することができるのだろうか。北軍に入ることは周勃のような老練な軍人・政治家がとった行動としては明らかに賢明ではない。

また、この当時、皇帝は年少であったものの、その権力や意志は当時の倫理観念の中でかなりの権威があった。このことは皇帝の叔父であり、権力の頂点にいる呂禄にとっても例外ではなかった。周勃たちが呂禄を騙したとき皇帝の名義を使っているが、呂禄はそれが皇帝の意志だと信じ上将軍の印を渡してしまった。つまり、周勃にとっては幼い皇帝さえコントロールできれば、簡単に呂氏一族を倒すことができることになる。ここで、呂氏一族を倒すために周勃らは北軍の節を勝手に持ち出しているが、このような行動を取るのであれば最初から未央宮を守備する南軍の節を持ち出した方が遙かに理に適っていると思われる。にもかかわらず周勃がわざと遠回りをしたのはなぜだろうか[20]。

③ 史料3ⓒについて

北軍を手に入れた周勃がなぜ南軍の衛尉を指揮できたのか。

『史記』と『漢書』ではともに、周勃が北軍を奪ったプロセスについて詳しく記載するのに対し、南軍の衛尉に対してどのような手段を使ったのかについて何ら記載がなく、当然のことのように「令平陽侯告衛尉『毋入相国産殿門』」と書く。史料3ⓑまでで分かるように、呂太后の死後、周勃は太尉でありながら軍隊を指揮することができなかっただけでなく、皇帝の節を偽らないと、北軍に入ることさえできなかった。つまり、この時点では、太尉の職そのものには何の権力もなかった。そして、周勃は呂禄から上将軍印を騙し取って初めて北軍に入ることができた。また兵士たちも一切抵抗せず、周勃の命令に従って「皆左袒為劉氏」している。この時の周勃の権威は太尉の身分からではなく、上将軍の身分からきたものであろう。このことから分かるように、軍隊の内部においては、序列や手続きが非常に重視されている。また、南北軍の間に事前に結託した気配もなかったにもかかわらず、南軍の衛尉が周勃に従ったのは、両者の間に一種の上下関係があったことを示しているであろう。

④　史料3ⓑにある「然尚有南軍」と史料3ⓔについて

史料3ⓑの「然尚有南軍」という文は、周勃が既に北軍を支配下に置き一息入れることができたが、南軍は依然として呂産に握られていたため、まだ安心できなかったということを示している。また、南軍を支配下に置くことが決して容易でなかったことも読み取れる。

しかし、南軍が未央宮を守備する軍であるとする通説に従えば、南軍の衛尉はあまりにも簡単に呂産を裏切っており、「然尚有南軍」という文の意味とは合致しないように思われる。また、南軍の将軍である呂産が、なぜ自分の管轄下にある未央宮の殿門に入れなかったにもかかわらず、自らの置かれた状況の危険性や緊迫性を認識せず、また部下に対して何の行動も取らず、ただ自らの指揮下にあるはずの殿門外でうろうろしていたのだろうか。一方で周勃は北軍を手に入れただけで、南軍をコントロールしてしまった。もしそうであるならば、この時点で勝負はすでについている。にもかかわらず、周勃が「尚恐不勝諸呂、未敢訟言誅之」であったのはなぜなのか。通説に従えば、この時点における呂産と周勃の行動は説明できない。

⑤　史料3ⓓの意味について

この史料は、呂禄が北軍を手放したことを知っていたならば、呂産は未央宮に入らなかっただろうと暗示している。しかし、通説が正しいとすると、たとえ呂産がそのことを知ったとしても、彼はやはり未央宮にある自分の南軍に行くしかない。そうであれば「呂産不知呂禄已去北軍、乃入未央宮」という文の意味は論理的に通じなくなってしまう。

⑥　史料3ⓔの再考

呂産が入宮したと聞き、太尉周勃は皇帝を守るという口実で朱虚侯劉章を入宮させた。諸説が正しいとすれば、未央宮を守備していない北軍に「急入宮衛帝」と命じる理由は全くなく、それを命令した周勃こそ「乱」を起こす張本人となる。しかし、実際には何の問題も起こらず、また劉章は千人規模の軍隊を率いて未央宮に進入したにもかかわらず、皇帝を守る立場にあるはずの南軍が何ら抵抗もしなかったのはなぜだろうか。

⑦　史料3ⓕについて

諸説によれば未央宮は呂産の勢力範囲であるはずだが、劉章が呂産を殺したときに宮中の衛士たちは誰も助けようとしていない。呂産はなぜ突然すべての部下を失ってしまったのか。また、呂産と曹窋が国事を相談したのは「旦」つまり朝であるが、呂産が殺されたのは「日餔時」つまり午後の三時から五時の間であった。「旦」から「日餔時」までの間に、周勃たちは着々と権力を奪回していったのに対して、この時点になっても呂産はまだ未央宮にさえ入っていなかった。もし、未央宮が本当に呂産の勢力範囲であるならば、このような緊急時に呂産はなぜ自分の軍隊をこれほど長く離れていたのだろうか。

⑧　史料3ⓖについて

劉章は呂産を殺してから、直ちに長楽宮に入って衛尉呂更始を殺した。この史料より長楽宮の衛尉が呂更始であったことがわかる。通説の言うように、長楽宮の軍が北軍あるいは北軍の一部であるとするならば、周勃は北軍を手に入れたにもかかわらず、なぜ呂氏一族の重要メンバーである衛尉呂更始を最後まで残したのか。逆に、呂更始は北軍の将軍が呂禄から周勃に変わったことに対して何ら警戒も抵抗もしなかったのはなぜだろうか。とりわけ史料2に見られる呂太后の遺言があるために、残された呂氏一族は他の大臣や軍隊の動きに対して敏感になっていたはずであるから、北軍の将軍が周勃に代わった時点で呂更始は何らかの異常に気づき、呂禄に確認したり、呂産と相談したりしたはずである。しかし、実際には彼は何ら警戒も抵抗もしなかった。

要するに、諸説は史料5と明らかに矛盾するだけではなく、これらの説の根拠となっている史料3をもうまく説明することができない。従って、「衛尉の軍が南軍、中尉の軍が北軍」とする諸説は間違っていると考えざるをえない。

以上の議論から分かるように、文帝は南北軍を廃止したが、すべての守備軍を廃することはできないために、南北軍は衛尉及び中尉の「軍」とは別の独立した軍隊であると考えられる。また、諸説では北軍が未央宮と全く関係がなかったと主張しているが、それでは史料3をうまく説明することができない。そのため、北軍と未央宮は何らかの形でかかわりがあったはずだと思われる。

このようなことから、南北軍について、次のような仮説を提起することができるのではないか。つまり、この時期の長安城には、郎中令・衛尉・中尉の「軍」のほかに、北軍と南軍という両宮の外側の守衛部隊があり、北軍は未央宮の衛尉の軍とともに未央宮を警護し、南軍は長楽宮の衛尉の軍とともに長楽宮を警護していた、という。次節では、この仮説について、前漢初期における長安城の状況や権力配分のあり方などから検証してみたい。

第四節　究明すべきいくつかの事実

一　長安城の構成と両宮の重要性

図1によれば、前漢時代の長安城の西側には桂宮と未央宮があり、中間部には北宮と武庫、東部には明光宮と長楽宮がある。また、『三輔黄図校証』[21]によれば、桂宮、明光宮は武帝期に建てられたもので、北宮は高祖期に企画され、武帝期に完成した廃后の住むところである。つまり、呂太后が亡くなるころに長安城にあった主な宮殿は長楽宮と未央宮である。前漢初期における長楽宮と未央宮の使用状況は表2のとおりである。

二　長安の城壁と南北軍

長安はもともと城壁のない都であった。直感的にも分かるように、城壁のない都は大変危険であり、とくに、前漢初期のような極めて不安定な時期においてはなおさら危険であった[22]。そのため呂太后と恵帝は城壁を作ることにしたのだろう。そして城壁が完成するまで、未央宮と長楽宮をそれぞれの衛尉の「軍」だけで中側から守るのは不十分であるため、未央宮と長楽宮の外側にも守衛の軍隊を設けたと推測される。その中で、軍営が南に位置するのが南軍と呼ばれ、北方に位置するのが北軍と呼ばれたのではないかと考えられる。

三　南北軍の位置

『史記』巻八高祖本紀八年（紀元前一九九年）条に「蕭丞相営作未央宮、立東闕・北闕・前殿・武庫・太倉」とあるように、未央宮の東と北には大きな門があるのに対して、西と南にはない。そして東闕と北闕のどちらかが正門

表2　長楽宮と未央宮の使用状況

	長楽宮	未央宮
高祖期	高祖	高祖
恵帝期	呂太后	恵帝
少帝期	呂太后	呂太后・少帝

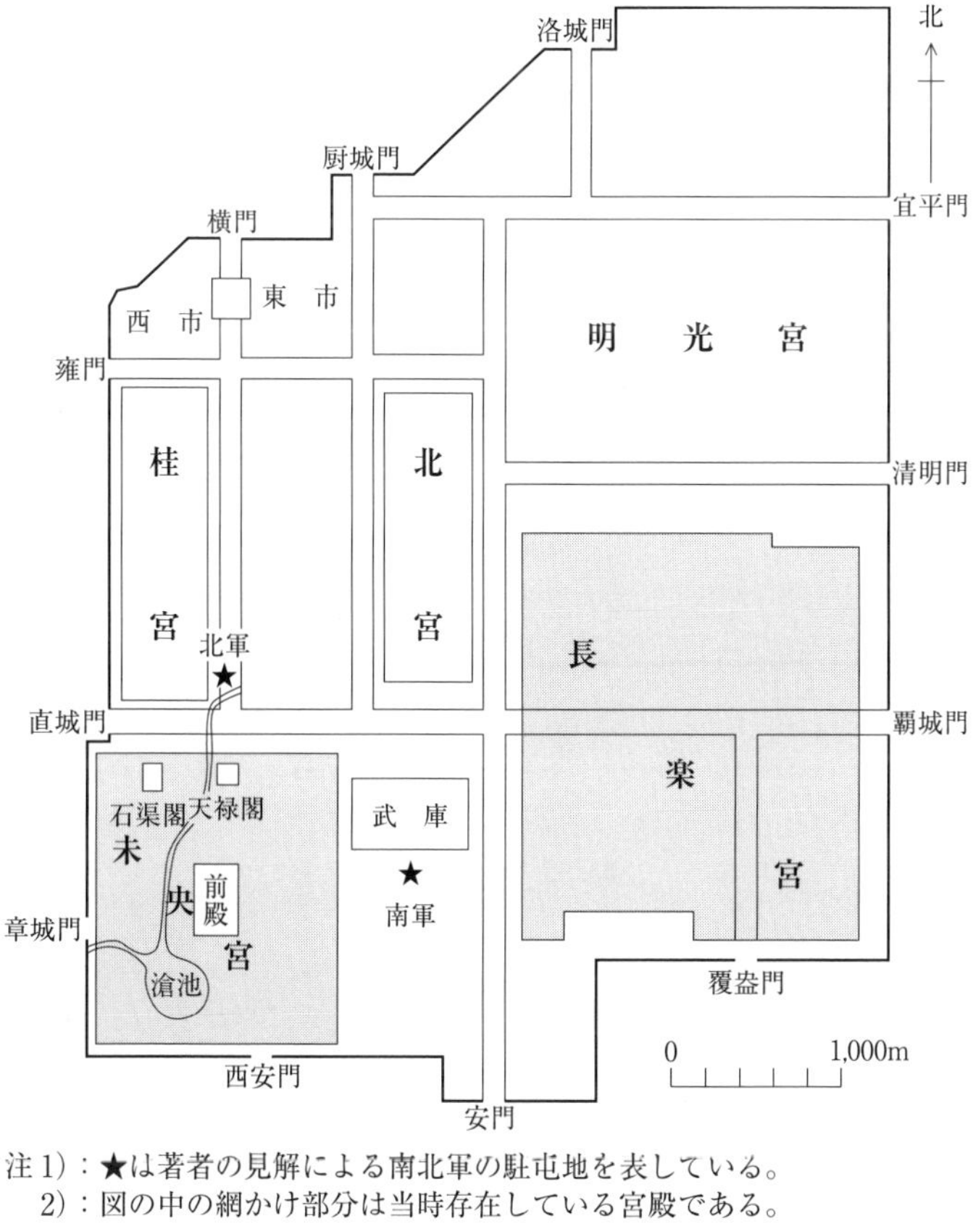

注1)：★は著者の見解による南北軍の駐屯地を表している。
　2)：図の中の網かけ部分は当時存在している宮殿である。

出所：『漢長安城未央宮　1980-1989 考古発掘報告』(中国社会科学院考古研究所、中国大百科全書出版社、1996年) による。『西安歴史地図集』(史念海主編、西安地図出版社、1996年) も参考。

図1　前漢期における長安城の地図

である[23]。また、前漢初期、長安城の中に重要な場所がもう一つある。それは武器の倉庫――武庫である。武庫はちょうど長楽宮と未央宮の間にあった。そのため、南北軍のうちどちらかは武庫辺りに駐屯していたと考えるのが妥当であろう。そうすれば、未央宮、長楽宮、武庫の三つの要所に注意を払うことができるだけではなく、長楽宮と未央宮の間の往来に対しても警護することができる。図1から分かるように、劉邦、呂太后、そして恵帝は未央宮と長楽宮の間を行き来する際に、長安城を東西に貫通する大通り（直城門から覇城門まで）を利用することができるが、未央宮の東闕を出て、直接長楽宮の西便門に入る方がより近い。もし、皇帝や皇太后が近道を利用するのなら、その通り道に近いところに軍隊を駐屯させるのが警備上好都合である。事実、そのような近道がよく利用されていた。『史記』巻九十九叔孫通伝に

孝恵帝為東朝長楽宮、及間往、数蹕煩人、乃作復道、方筑武庫南。……

と記されている[24]。武庫はもともと長安城のやや南側に位置しているため、それよりもさらに南にもう一つの軍隊を置くのは常識的に考えにくい。従って、この武庫辺りに駐屯した軍隊が南軍であったと推測される。そして、もう一つの軍隊は南軍より北に駐屯していたはずである。上述したように、当時の長安城の北半分は宮殿が少なかったため、軍隊が駐屯するには十分な空間がある。ただし、その軍隊が未央宮と長楽宮から遠く離れて駐屯するのは意味がなく、必ず両宮の近く、則ち未央宮か長楽宮の北にあったと思われる。これまでの分析から分かるように、北軍と未央宮とは密接な関係があることから、北軍は未央宮の北に駐屯していた可能性が大きい。北軍がこのように配置されたとすると、未央宮だけではなく、長楽宮にも気を配ることができる。また、長楽宮の西門から西に行く大通りも軍の守備範囲に入っていたと考えられる[25]。このようにして、未央宮の衛尉と未央宮の北に駐屯する北軍が合わせて未央宮を警護し、武庫辺りに駐屯した南軍が長楽宮の衛尉と合わせて長楽宮を警護していたのだろう。

このことは丞相府の位置からも間接的に確認することができる。『漢官六種』所収『漢官典職儀式選用』に

司徒本丞相官、哀帝改為大司徒。主司徒衆……府与蒼龍闕対、圧于尊者、不敢称府也。

とある。また、『雍録』巻二東闕北闕条に引かれた『関中記』には

未央東有蒼龍、北有元武闕、元武即北闕。

とある。則ち、丞相府は未央宮の外にあったことが明らかであり、しかも「府与蒼龍闕対」とあるから、ちょうど長楽宮と未央宮の間で、南軍の駐屯地に近いところにあった。呂太后が死ぬ前、相国呂産に南軍を指揮させたのは、地理的に考えても当然のことと思われる。

そして、未央宮の守備軍が北軍である有力な証拠は次の事実である。文帝が即位してからまもなく、周勃は丞相を解任され、封国に就いた。またしばらくして、彼は謀反の疑いで逮捕された。そこで、文帝の母薄太后は周勃を弁護し、文帝に対して

絳侯綰皇帝璽、将兵於北軍、不以此時反、今居一小県、顧欲反邪。（『史記』巻五十七絳侯周勃世家）

と責めた。ここで薄太后が「絳侯綰皇帝璽、将兵於北軍」と言うのは、明らかに呂氏一族が殺され、文帝が帝位に就くまでの間のことを指している。皇帝璽を持つことは皇帝の周りにいることを意味し、そこで「北軍」を率いるということはすなわち北軍が皇帝の周りを警備していたことを意味する。この史料は、これまでの研究で見落とされてきた南北軍の役割についての直接的な証拠と言えよう。

以上見てきたように、南北軍の位置と役割は通説と異なり、北軍は未央宮、南軍は長楽宮の外側の守衛部隊であ

る可能性が極めて高い。それでは、この仮説に基づいて「諸呂の乱」をめぐる動きをどこまで合理的に説明でき、そして上述した諸説の矛盾をどこまで解消できるだろうか。

第五節　「諸呂の乱」の再現

本節では、南北軍に関する本章の仮説に従って、史料3に記された「諸呂の乱」の過程を一部再現したい。便宜上、事件の経過を六部分に分かち、それぞれ先行研究の諸問題に対応させる。

1　史料3ⓐ　呂産は相国であり、しかも、長楽宮を守備する南軍の将軍でもあるため、相国府あるいは南軍駐屯地で御史大夫と国事を相談した。その場所は未央宮の外側にあることから、郎中令賈寿の使者がやってきて呂産に速やかに未央宮に入宮するよう促した。

2　史料3ⓑⓒ　周勃は呂産が未央宮に入宮しようとしていることを聞き、それを阻止するために、未央宮の外側の守衛部隊である北軍の軍門に入ろうとした。しかし周勃は太尉であるが、北軍の将軍ではなかったために入れなかった。そこで周勃はまず呂禄から北軍の将軍印を騙し取って北軍を完全に掌握し、それから北軍の将軍の部下である未央宮の衛尉に「毋入相国産殿門」と平陽侯を通じて命令した。[26] 未央宮の衛尉は自分の上司、則ち北軍の将軍周勃の命令に従って、呂産を殿門で阻止した。

3　史料3ⓓ　この時、呂産の取りうる行動は二つあると考えられる。一つは、呂禄がそのまま北軍の将軍であった場合で、未央宮はまだ自分たちの勢力範囲であるため、入宮するのは自然な選択である。そうすれば、呂禄と一緒に相談することもできるし、権力の中心にいて、少帝をコントロールすることもできる。一方、呂禄がすでに北軍を手放したことを知っていたならば、呂産が入宮するのは極めて危険であり、長楽宮を警備する自分の軍隊である南軍に行くだろう。これは「呂産不知呂禄已去北軍、乃入未央宮」という文章が言わんとするところであろう。

呂産は呂禄が北軍を手放したことを全く知らなかったため、誤って未央宮に入ってしまったが、殿門の外で阻止された。未央宮を守る衛尉は自分の部下ではないので、殿門に入れなかったことを不可解に思っただろうが、それほど深刻に受け止めなかったと考えられる。まさか呂禄が自分に連絡もせずに軍隊を棄てたとは思いもしなかったのであろう。

4　史料3ⓔ　この時点で、呂産はまだ北軍と対抗できる南軍及び長楽宮衛尉の軍を持っている。このため、呂産が南軍を率いて反撃してくる可能性があった。周勃はそのことを警戒して、「未敢訟言誅之」であった。また、衛尉は北軍の将軍となった周勃の部下となったものの、恐らく周勃は未央宮の衛尉のことを完全に信頼したわけではなかったと考えられる。なぜなら、衛尉のポストは極めて重要であるため、呂太后の信頼する人物しかこの職には就いていなかったはずだからである。もともと呂氏の側近であった衛尉が殿門の外でうろうろしている呂産と会えば何が起きるか分からない。そこで、呂氏一族のことを憎んでいた劉章を、皇帝を守るという口実で入宮させた。北軍には皇帝を守る任務があるためにこの口実は通用した。また、劉章が率いた千余人は衛尉の軍と同じく周勃の指揮下にあったため、劉章の入宮は阻止されなかった。

5　史料3ⓕ　その日の朝、賈寿の使者は呂産に早く入宮するように促したが、呂産はすぐには入宮しなかった。その間、彼が何をしていたのかは史料から明らかにすることはできないが、午後になって、ようやく従者だけを連れて未央宮に入った。劉章が呂産を殺そうとした時、未央宮衛尉の軍は呂産の部下ではないため、誰も彼を助けようとしなかったのはさほど不思議なことではなかった。

6　史料3ⓖ　長楽宮は南軍の守備範囲であり、北軍の衛士を率いる劉章は皇帝の許可がなければ入ることができない。そのため、劉章は呂産を殺し皇帝の節を持っていた謁者の車に無理やり乗りこみ、長楽宮に入って衛尉呂更始を殺した。それから、劉章は再び北軍に戻り、呂産らを殺したことを周勃に報告し、周勃もやっと安心した。なぜなら、南軍の総司令官呂産とその部下に当たる長楽宮衛尉呂更始を殺してはじめて南軍を完全に掌握したと言えるからである。

以上のような経過から見て、本章の仮説は成り立つものだと考えられる。それでは、一体、前漢初期における都長安の軍事力はどのように構成されていたのか、南北軍は中尉の軍とどのような関係にあるのか、また大将軍・太尉・郎中令・衛尉・中尉などの軍の指揮官はお互いにどのような関係にあるか。さらに、南北軍の駐屯地と職務を究明することが当時の権力構造を解明する上でどのような意味を持つのか。次節ではこれらの問題について検討したい。

第六節　前漢初期の長安における軍事力について

一　郎中令と中尉について

郎中令の「軍」は皇帝の親衛隊であり、彼らは普通の兵卒と違って、官位の所有者である[27]。職務と身分の特殊性から分かるように、郎中令の「軍」は他の軍隊から完全に独立しており、直接皇帝の命令に従って行動する軍隊である。この点については改めて議論する必要はない。

重要なのは中尉である。従来の研究では、中尉は衛尉と同じ性格の官職であり、北軍を統率するとされている[28]。その主な根拠として、先行研究が挙げる理由のほかに、以下の史料も重要視されている。

『漢書』巻一高帝紀高祖十一年（紀元前一九六年）に

秋七月、淮南王布反、……上乃発上郡・北地・隴西車騎、巴蜀材官及中尉卒三万人、為皇太子衛、軍覇上。

とある。これまでの多くの研究では、この「三万人」はすべて中尉の軍であると理解されている。[29] 当時の長安城において三万人の軍隊はかなり大規模なものであり、これほど大きい軍隊は守備軍であるに違いない、と推測されている。しかし、このような解釈は誤読であることは明らかである。というのは、文法的に、動詞「発」の目的語は「卒三万人」であるが、この三万人に対する限定語は「上郡・北地・隴西車騎、巴蜀材官及び中尉」である。従って、ここでの「三万人」は中尉の軍に加え、その他地方の部隊と合わせて「三万人」であると解釈すべきであろう。

また、『史記』巻十文帝本紀に

（三年・紀元前一七六年五月）匈奴入北地……匈奴去、発中尉材官属衛将軍軍長安。

とある。つまり、文帝二年に南北軍は廃止されたが、文帝三年になると、匈奴が辺境に侵入したため、都の安全を守るために中尉の「軍」を徴発し衛将軍の指揮下に置いた。ここからも、中尉の「軍」は衛将軍の軍と異なるものであることが理解できる。

この二つの史料を合わせて考えると、中尉の軍はもともと長安城の守備軍ではなかったことがはっきりと分かる。それは、もし中尉の「軍」が長安城の守備軍であるならば、劉邦や文帝がわざわざ中尉の軍を徴発する必要がないと思われるからである。中尉の「軍」が守備軍とは性格が異なるからこそ、戦力が足らない時に、中尉の部隊を守備軍にあてたと考えられる。これは、中尉の「軍」は南北軍に含まれないとする本章の分析結果からも裏付けられる。それでは、中尉の「軍」とは一体何の「軍隊」であろうか。

『漢書』巻一九百官公卿表の中尉条に、

中尉、秦官、掌徼循京師。

とあり、その職務内容について、如淳の注には

所謂遊徼、徼循禁備盗賊也。

と記されている。このことから、中尉の職務は都の治安維持であり、警察の役割であって、長安城の守備ではないことがはっきりしている。この点については、多くの研究者が認めている。しかし、問題は中尉に関する上述の史料に対する誤読や南北軍の役割に関する混乱から、これまでのほとんどの研究では、中尉の「軍」は警察としての役割の他に、守備軍としての役割も果たしていると考えられ、しかも、後者の役割がより強調されてきたのである。『史記』と『漢書』の中で、中尉の役割に関する記述は他にもある。例えば、『史記』巻百十八淮南衡山列伝に、大臣が淮南王劉長を弾劾した文の冒頭に

丞相臣張蒼……備盗賊中尉臣昧死言……

とある。ここでは明確に「備盗賊中尉」と言っており、「守備」中尉とは言っていない。また、景帝の時、中尉郅都は廃太子臨江王栄を訊問し、後の武帝の時にも中尉が地方諸侯王を監察した例が多く見られる。これらはいずれも公安警察としての役割であることを示している。ただし、中尉の守備軍としての例もある。例えば、『史記』巻十文帝本紀に

十四年（紀元前一六二年）冬、匈奴寇辺……遣三将軍軍隴西・北地・上郡、中尉周舎為衛将軍、郎中令張武為車騎将軍、軍渭北、車千乗、騎卒十万人。

という記録がある。しかし、これは緊急事態の中での応急措置で、通常の状況の説明にはならないと思われる。従って、中尉の本来の職務は公安警察であるが、非常時には長安城の守備にも協力する、というのが実体であろう。[30]つまり、中尉の役割については再認識する必要がある。

二　相国と上将軍について

従来の研究では、呂太后は権力の頂点に立っており、長楽宮を中心に、未央宮を制御することを通して天下に号令を発していたとされている。[31]しかし、南北軍の位置や役割を明らかにすることで、長楽宮は必ずしも政治の中心ではなかったことが分かる。

周知のように、呂太后は死の前に、呂産を相国に任命し南軍を指揮させ、呂禄を上将軍とし北軍を指揮させたが、南軍の呂産と北軍の呂禄とを比べた場合、どちらの地位がより高いだろうか。以下、史料における人名記載の順序に注目して、この問題に迫りたい。

『史記』『漢書』では、一般に張耳→陳余の順で二人を並べているが、『史記』巻八十九張耳陳余列伝では

武臣……遂立為趙王、以陳余為大将軍、張耳為右丞相。

とあるように、「大将軍」陳余→「右丞相」張耳の順に並べており、大将軍の地位が右丞相より高いことを示しているのではないかと考えられる。また、『史記』巻九呂太后本紀によると、恵帝の死後、侍中張辟彊が

君今請拝呂台・呂産・呂禄為将。

と言ったことから分かるように、もともと呂氏一族の中では、呂産は呂禄より順番が先に来るのが一般的であるが、

呂太后の臨終に際して、呂禄を上将軍に任じたため、呂禄の順番が先になった。つまり、

酒令趙王呂禄為上将軍、軍北軍、呂王産居南軍。(『史記』巻九呂太后本紀)

という。このことは、少なくとも形式上呂禄の地位が呂産より高いことを意味している。同じことは南北軍の順序についても言えるのではないか。中国では、方向を述べる際に南・北の順番で言うのが習慣であるが、南軍と北軍の両方を指す場合にも「南北軍」というように「南」、「北」の順番になる。しかし、先の史料ではあえて「北軍」→「南軍」の順番にしている。これは北軍がより重要であることを示唆しているのではないだろうか[32]。

こうしたことから考えると、北軍は南軍より重要であり、上将軍は相国より地位が高いと判断することができよう。「諸呂の乱」の時、周勃が北軍を先に奪ったのは、皇帝をコントロールすることと、大きな権限を持つ上将軍印を手に入れることにあったと思われる。

それでは、北軍が南軍より重要であるということは、何を意味するだろうか。それは未央宮が長楽宮より重要であったことを示していると思われる。つまり、呂太后は生前長楽宮に住んでいたものの、未央宮は依然として政治の中心であった。呂太后は少帝を補佐し、その権威に基づき政治を運営していたのではないかと考えられる。このことは呂太后の意味深長な遺言からも読み取れる。『史記』巻九呂太后本紀に、呂太后が亡くなる前に、呂禄と呂産に対して、

我即崩、帝年少、大臣恐為変。必拠兵衛宮、慎勿送喪、毋為人所制。

と遺言した。つまり、皇帝は年少のため、大臣たちを抑える力をまだ十分持っておらず、彼らは乱を起こす恐れがある、という。このことを逆に言うと、皇帝が年少でなければ、大臣たちを抑えることができ、政局をコントロー

ルすることができるはずである。この遺言から、呂太后は少帝の権威の確立をいかに願っていたかが窺える。また、周勃が呂禄より北軍を騙し取るときに少帝の名を借りたが、呂禄はそれに対して何の抵抗もせず従った。このことから分かるように、当時権力の頂点にいた呂禄から見ても、幼いとはいえ皇帝の意向には従わざるを得なかったのである。

言うまでもなく、こうした皇帝の権威は呂太后の死後突然現れたものではなく、呂太后が存命中に努力して作り上げたものであるだろう。なぜなら、呂太后自身は皇帝になっておらず、「臨朝称制」しただけである。この「朝」は名義上皇帝の朝であり、朝に臨み政事を処理するときは未央宮で執務を取ったのではないかと考えられる。事実、呂太后は未央宮で死を迎えた。これは決して偶然ではなく、未央宮の持つ重みを十分に計算した上での選択であると思われる。このことからも、当時の権力の中心は通説で言われている長楽宮ではなく未央宮であると考えるべきであろう。このことは、次の史料からも確認できると思う。

『史記』巻九呂太后本紀には以下のようなことが記されている。

左丞相不治事、令監宮中、如郎中令。食其故得幸太后、常用事、公卿皆因而決事。

また、『史記』巻五十六陳丞相世家に

食其亦沛人。……幸於呂太后。及為相、居中、百官皆因決事。

とある。ここに見える「左丞相不治事、令監宮中」の「宮中」は明らかに未央宮を指しており[33]、また、「居中」の「中」も、明らかに「禁中」を意味している。「禁中」というのは、天子が住む宮中、または皇帝が居住する宮殿を指す。この史料にある「居中、百官皆因決事」というのは、審食其が未央宮において政務を処理していたということである。
この史料からも少帝が幼く、呂太后は「称制」していたとは言え、国の政事は少帝のいる未央宮で行われていたことが読み取れる。

三　南北軍の指揮者及び南北軍と衛尉の関係

『史記』巻九呂太后本紀に

太尉絳侯勃不得入軍中主兵。

とあり、大尉周勃が南北軍を司ることができなかったことが正常な状態ではないことを示している。換言すると、太尉はもともと南北軍を司る立場にあった。このことは、呂禄が「帝使太尉守北軍」という嘘を簡単に信用してしまったことと、周勃が北軍に入ってから「軍中皆左袒為劉氏」ということからも読み取れる。

劉邦が亡くなってから、政治情勢は一気に流動化した。建国の功臣たちの前で、呂太后と恵帝は基本的に守勢に立たされた。自らの安全を守るため、長安城の城壁の建造を急ぐのと同時に、南北軍を完全に掌握することは必要不可欠であった。その時に頼ったのは、功名が高く、しかも呂太后の義理の弟（妹の夫）である樊噲であった。従来の研究では、樊噲は劉邦の側近として扱われている。しかし、樊噲は劉邦が亡くなる前に、「党呂氏」の罪で殺されそうになったように、呂太后と極めて近い関係にあった。(34)『史記』巻百季布欒布伝には

単于嘗為書慢呂后、不遜、呂后大怒、召諸将議之。上将軍樊噲曰「……」。

とあり、劉邦の死後、樊噲は上将軍になったことが分かる。樊噲がいつ上将軍になったのかは正確に確認できない

が、武帝以前には主に前帝が崩じ、新皇帝が即位するまでの政情不安の時期には不虞に備えて近親者を上将軍に任命することが通例となっていたことから考えれば、樊噲は劉邦が亡くなった頃から上将軍に任じられたのではないか。大庭脩氏の研究によれば、「将軍たちの上位にあって将軍たちをも指揮できるものを『上将軍』あるいは漢における韓信のように大将または『大将軍』と呼ぶことがあったようである」[35]。樊噲は上将軍であるから、その時の南北軍及び両宮衛尉は樊噲の統率下にあったと考えられる。恵帝六年（紀元前一八九年）、樊噲が亡くなり、太尉の職を七年ぶりに復活させ、周勃が再び太尉に任命された。恐らく、このころ恵帝が健在で政治が安定しており、軍事力を周勃に任せても大丈夫だと呂太后が判断したのであろう。しかし、二年後（紀元前一八七年）に、恵帝が亡くなると、呂太后は太尉の周勃が軍権を握っていることに強い不安を感じたのではないか。それは、以下の史料からも推測できる。

『史記』巻九呂太后本紀に

七年秋八月戊寅、孝恵帝崩。発喪、太后哭、泣不下。留侯子張辟彊為侍中、年十五、謂丞相曰、「太后独有孝恵、今崩、哭不悲、君知其解乎。」丞相曰、「何解。」辟彊曰、「帝毋壮子、太后畏君等。君今請拝呂台・呂産・呂禄為将、将兵居南北軍、及諸呂皆入宮、居中用事、如此則太后心安、君等幸得脱禍矣。」丞相乃如辟彊計。太后説、其哭乃哀。呂氏権由此起。

とある。つまり、「泣いても涙が出なかった」呂太后が、侍中張辟彊の丞相に対する建言により、呂氏一族が武官として入宮したことによりようやく安心して哀しんだという。この時に呂氏一族が南北軍の将軍になったかどうかについては断定できないが、呂台・呂産・呂禄は入宮し、宮内を警備する衛尉や太中大夫などに任じられた可能性は高いと思われる。史料から見て、実際には南北軍は劉・呂両族と二重の親戚関係を持っていた劉沢に任せた可能性が高い。劉沢は劉邦の遠戚であり、同時に樊噲の娘婿つまり呂太后の姪婿でもある。彼自身も劉邦の下で遠征に行った功臣として信頼されており、恵帝元年には衛尉となっている。劉沢がいつから大将軍になったのかは明らかでないが、呂太后七年（紀元前一八一年）、劉沢は大将軍であったという記録があり[36]、恐らく恵帝の死後任命されたのではないかと推測される。もし、この推測が正しければ、恵帝が亡くなってから、呂太后は周勃から再び軍権を取り上げ[37]、南北軍及び両宮衛尉を劉沢の統率下に置いた。そして、『史記』巻九呂太后本紀によると、呂太后七年（紀元前一八一年）、自分の死後のことを劉沢に任せるのは不安なため、彼を大将軍から地方の琅邪王に遷した。それから南北軍を分け、呂禄を上将軍としたが、北軍しか統率させず、南軍を相国の呂産に任せたのである。

以上の議論をまとめると次のようになる。つまり、前漢初期、政情が不安定な時期には上（大）将軍が設置され、南北軍と両宮衛尉がその下に統率されていたが、上（大）将軍が設置されない安定期には、それらは太尉により統率されていた。前漢初期における上（大）将軍を任命する慣習と太尉の任命状況から推測すると、劉邦が亡くなった後樊噲が六年間大将軍を務め、その後周勃が二年間大尉を務めたが、恵帝の死後、劉沢が七年間大将軍を務めた。そして呂太后が亡くなる前に、呂禄が上将軍となった。樊噲・劉沢と呂禄はいずれも呂太后の近親者であるため、実質的にはすべての軍隊が彼女の手に握られていた。これが劉邦死後の十五年間、呂太后が功臣や元老たちを抑え、政局をコントロールできた一つの重要な理由ではないかと思われる。

また、南北軍と衛尉の関係について見ると、南北軍は両宮の外に駐屯し、両宮の外側から宮殿を守る軍隊であると推測されるが、これに対して、両宮の衛尉はそれぞれ宮内の安全を守る軍隊である。つまり、南北軍と両宮衛尉は同じ宮殿を守っているものの、駐屯地や軍の性格は全く異なる。そしてこれらの軍の間には従属関係はなく、並列の関係にあった。彼らの上に立つのは上（大）将軍である。呂太后の末期に南北軍を分けて別々に統率させたが、呂禄は上将軍であったため、未央宮外部の北軍だけではなく、その内側の衛尉の軍をも統率していただろう。また、呂産は相国であったため、長楽宮外部の南軍と長楽宮衛尉の軍を一緒に統率していたと考えられる。

以上のことから、呂太后が亡くなった時の指揮系統は表3のようにまとめることができる。

文帝二年の「罷衛将軍軍」（第一節史料5）というのは、両宮の外側の守衛部隊だけを廃止したと考えるのが妥当であろう。このときに長安の城壁はすでに完成していた。

表3　呂太后死後の南北軍の統率情況

将軍	呂産	呂禄／周勃
配下	①長楽宮衛尉 ②南軍（長楽宮外）	①未央宮衛尉 ②北軍（未央宮外）

おわりに

本章では、既存研究の成果を参考としながら、南北軍に関する諸説の問題点を検討し、南北軍に関する断片的な史料を整理・考察することによって、それぞれの駐屯位置と役割に関する新しい仮説を提起した。この仮説に従うと、「諸呂の乱」に関する既存の史料がいずれも矛盾なく説明することができるようになった。本章における南北軍のあり方についての検討が成り立つならば、今まで漠然としていた前漢初期の長安における軍隊の構成がほぼ明らかになったと思われる。つまり、前漢初期、都長安にある「軍隊」らしいものは、郎中令の「軍」、中尉の「軍」、衛尉の「軍」と南北軍であった。このうち、郎中令の「軍」は軍隊というより、皇帝の親衛隊であり、また、これまでの前漢政治史研究で重要視されてきた中尉の「軍」は、守備軍ではなく「警察」であることがわかった。そして南北軍は未央宮と長楽宮の外側の守備軍である。南軍は武庫周辺に駐屯し長楽宮の衛尉とともに長楽宮を守っており、北軍は未央宮の北に駐屯し未央宮の衛尉とともに未央宮を守っていた。政情が不安定な時には、上（大）将軍が設置され南北軍を含むすべての軍隊を統率するが、政情が安定し上（大）将軍が設置されない時にはそれらの軍隊は太尉によって統率された。

南北軍の実態を解明したことにより、前漢初期の政治構造に関わる以下の二点が明らかになった。一つは、呂太后が政局をコントロールできた最大の理由は軍隊の最高司令官である上（大）将軍を任命し軍権を握っていたことにある。従来の研究では、恵帝の亡き後呂氏一族が入宮して以降、呂太后が初めて軍権を手に入れたと考えられてきた。しかし、実際には劉邦が亡くなってから、呂太后は樊噲を大将軍に任命し軍隊を掌握した。その後、恵帝が亡くなる直前の一時期を除けば、一貫して上（大）将軍に自分の親戚を任命することにより軍権を握っていた。

もう一つは、未央宮を守る北軍が長楽宮を守る南軍より重要であったことから、呂太后期における政治の中心は依然として未央宮にあったことが明らかになった。すなわち、呂太后の統治形態として、「臨朝称制」の形を守り、少帝を補佐する形で政治を運営していたと考えられる。それは、呂太后にとっては自分の孫である少帝の地位を守るためにも、そして呂氏一族の利益を守るためにも、少帝の権威を確立しなければならなかったからである。

こうしたことから分かるように、呂太后期における政治支配は、皇帝を中心とし、上（大）将軍を支柱として展開されていた。それに加えて呂太后自身の資質や権力基盤、大臣間の対立、そして劉邦の遺言などもその権力の強化に役立ったと考えられる。[38]

注

（1）浜口重国「前漢の南北軍について」（『秦漢隋唐史の研究』上巻所収、東京大学出版会、一九六六年）参照。ただ、中尉の軍について、筆者は浜口氏と考えを異にしている。詳しいことは本文参照。

（2）注1参照。

（3）北軍について、馬端臨は「中尉、秦官、掌徼循京師。属官有中塁・寺互・武庫・都船四令丞。又有式道左右候、候丞及左右京輔都尉、尉丞兵卒皆属焉。是中尉所職、乃巡徼京師、以此知北軍為京城兵、而中尉主之。」と記している。一見して分かるように、ここでは北軍が何故中尉の軍であるのかがはっきりしない。そのため、ここでは深く議論しないことにする。

（4）『文献通考』兵制考所収。
（5）労榦「論漢代的衛尉与中尉兼論南北軍制度」（同著『労榦学術論文甲集』下、台北、芸文印書館、一九七六年）参照。
（6）孫惺棠「西漢的兵制」（『中国社会経済史集刊』第五巻第一期、一九三七年）参照。
（7）黄今言『秦漢軍制史論』（江西人民出版社、一九九三年）第三章参照。
（8）注1参照。
（9）西嶋定生『秦漢帝国』（講談社、一九九七年）参照。
（10）本章では『漢書』に従い、特に明記する以外、「衛尉」はただ未央宮の衛尉を指す。
（11）兪正燮『癸巳類稿』四庫全書所収。
（12）兪正燮氏は、長楽宮が東にあるものの、未央宮よりやや北にあるからそう論じているのではないかと考えられるが、例えこの理由があっても、後で議論するように長楽宮の「軍」が北軍ではないことは明らかである。
（13）賀昌群「漢初之南北軍」（『中国社会経済史集刊』第五巻第一期、一九三七年）参照。
（14）楊鴻年『漢魏制度叢考』（武漢大学出版社、一九八五年）参照。
（15）注13参照。
（16）小倉芳彦『入門・史記の時代』（筑摩書房、一九九六年）参照。
（17）注14参照。
（18）重近啓樹「秦漢の兵制について――地方軍を中心として」（静岡大学人文学部『人文論集』三六、一九七八年）参照。
（19）郎中令賈寿がどのような人物であったかについて、『史記』と『漢書』からは分からない。郎中令は未央宮の宮殿の警備を担当しているので、呂太后の側近中の側近であったと考えられる。彼の使者が呂産に早く入宮するようにと進言したのはまさに呂氏の立場に立った行動であろう。
（20）もちろん、周勃たちは呂禄が呂産より騙しやすい、或いは、呂産がすでに行動していたから、何も知らない呂禄の北軍を先に取った方が有利だと考えたかもしれない。しかし、後段の史料から分かるように、もしそれが事実であるなら、未央宮を守る「南軍」の衛尉は呂産を裏切って、上下関係にない北軍の周勃に全面協力したことになり、周勃は先に南軍を手に入れて皇帝をコントロールした後、本物の節を使って呂禄から北軍を取り上げる方がもっと簡単ではなかろうか。
（21）『三輔黄図校証』陳直校正、陝西人民出版社、一九八〇年。
（22）長安城壁の防御功能については、頼恵敏「西漢長安城的営建及其政治功能」（『国立台湾大学建築与城郷研究学報』第一巻第一期）参照。

(23)顔師古は北宮門が正門であると主張したのに対して、中国社会科学院考古研究所『漢長安城未央宮――一九八〇―一九八九年考古発掘報告』(中国大百科全書出版社、一九九六年)は東門が正門であると論じている。

(24)この文章から分かるように、恵帝は高架となった道を利用していたが、安全上、このような道の両側に対しても十分な警護が必要であろう。

(25)史料6の「長楽西闕」から分かるように、長楽宮の西側にも大きな門がある。

(26)平陽侯曹窋は御史大夫という高位にいるが、曹参の息子であるため、周勃たちにとっては信頼できる仲間であった。このために「諸呂の乱」の過程で、平陽侯曹窋は周勃や陳平などの功臣たちの間で積極的に駆け回っている。また、周勃が曹窋を通じて衛尉に「毋入相国産殿門」と命令したのは以上の理由のほか、九卿である衛尉を動かすためにそれ以上のランクの官僚である三公の曹窋を派遣したのではないかと考えられる。

(27)注1参照。

(28)この考え方を支持する根拠として武帝期の史料もよく用いられるが、第三節で指摘したように、前漢初期の北軍と武帝期の北軍とは性格から編成まで大きく異なる可能性があるため、武帝期の北軍に関する史料は前漢初期の北軍の証拠にはならないと思われる。このため、ここでは挙げないことにする。

(29)注12及び孫惺棠「西漢的兵制」(『中国社会経済史集刊』第五巻第一期、一九三七年)参照。

(30)従来の研究に従うと、中尉は都長安における二つしかない守備軍の指揮官の一人として、そのポストは極めて重要なものと考えられていた。しかし、本研究から分かるように、中尉は警察長官に相当する地位で、政治構造の中でそれほど重要な位置を占めていなかったと考えられる。史料においても、高祖後期に戚思が中尉であったと記されているだけで、それ以後の恵帝と呂太后の十五年間に誰が中尉であったかは記されていない。

(31)李開元『漢帝国の成立と劉邦集団――軍功受益階層の研究――』(汲古書院、二〇〇〇年)参照。

(32)順序の問題については、漢帝国樹立後の出来事について『漢書』の記載は『史記』とは逆に、「相国」→「上将軍」の順になっている。これは呂氏一族に関する史料に限られない。例えば景帝期の呉楚の乱の記事において、『史記』巻十一孝景本紀には「上乃遣大将軍竇嬰、太尉周亜夫将兵誅之。」とあるのに対し、『漢書』巻五景帝紀では「遣太尉亜夫、大将軍竇嬰将兵撃之。」と記されている。武帝までの歴史について、『漢書』はほとんど『史記』と同じであることは周知の事実である。班固がこれをわざわざ変えたのは、恐らく後漢時代における大将軍あるいは上将軍の地位がすでに低下していたためであろう。このため、本書では『史記』の記述を採用する。

(33)もし、ここの宮中が長楽宮なら、「令監宮中」ではなく、「令監長楽宮中」と書くべきだろう。

(34) この点について、美川修一氏も同じ考えを示している。詳しくは美川修一「所謂漢の高祖の功臣の動向について――呂后専権の基盤――」(『中国前近代史研究』所収、早稲田大学文学部東洋史研究室編集、雄山閣出版社、一九八〇年)参照。

(35) 大庭脩「前漢の将軍」(『秦漢法制史の研究』所収、創文社、一九八二年)参照。大庭氏は上将軍と大将軍の関係について論証していないが、「諸呂の乱」の前に、上将軍呂禄が挙兵した斉王を鎮圧するために灌嬰を大将軍として派遣したことから、上将軍は大将軍の上に立つものであると考えられる。

(36) 『史記』巻五十一荊燕世家に

田生弗受、因説之曰「……今営陵侯沢、諸劉為大将軍……」

とある。

(37) 呂太后四年、もう一度太尉官が設置され、周勃が太尉に任命されたが、大将軍のポストがある限り、周勃の太尉はただの飾り物であっただろう。このような状況は「諸呂の乱」まで続いたと考えられる。

(38) 大臣間の対立や劉邦の遺言はどのように呂太后の権力を強化したのかについては第四章で検討する。

第三章　劉邦期における官僚任用政策

はじめに

前章までの分析により、呂太后の権力基盤と統治形態を明らかにしたが、呂太后期における国家権力がどのように配分されていたのかについては具体的に検討していない。皇帝支配体制の下では、皇帝が権力体系の頂点にあり、その下に、皇帝支配を支える行政、司法、軍事など様々な権力機関が存在する。前漢時代では、それらの機関の長官はいわゆる三公九卿である。漢帝国が樹立されてから、これらのポストがどのような人物や政治グループに配分されたのかは、権力配分の問題として極めて重要である。またこれを分析することは、呂太后期における権力構造の全体像の解明につながると期待される。しかし、前章での分析からも分かるように、呂太后は劉邦期にすでに政治に深くかかわっていたため、呂太后期の権力配分は劉邦期のそれとはかなり密接に関連していると思われる。そのため、本章では、まず劉邦期の権力配分について検討し、次章においてさらに呂太后期の権力配分を検討したい。

本書で議論する権力配分とは、国家のどのような権力がどのような政治勢力に与えられたのかを指すものであり、これは官僚任用人事と深く関わっている。前漢初期の官僚任用については、これまで必ずしも多くの研究が残されているわけではない。数少ない先行研究の中で、まず注目すべきは廖伯源氏の研究である(1)。廖氏は前漢初期の功臣列侯集団を一つの政治勢力として注目し、三公九卿と地方の官吏に列侯が多く任命されたことを指摘した。ただし、廖氏の研究の注目点は列侯と政治との関係にあるため、前漢初期の権力構造との関連で官僚の人事については具体的に検討されていない。

もう一つの重要な先行研究は李開元氏の研究である[2]。李氏は前漢初期の官僚任用に関して、廖氏の説を基本的に受け継ぎ、前漢初期の官吏が軍功受益階層によって占められ、しかも、軍功の大きさに基づき官僚・官吏が任命されていたと主張している。具体的には、「それはまず劉邦集団に加わった年月の前後と軍功の大小により異なる等級の軍功爵を授与し、そしてこの軍功爵の等級により一定の土地財産をあたえ、身分の高低を定め、それに合わせて官職につけるのである」、すなわち「厳格な功労原則に基づいて施行された」という[3]。換言すると、劉邦集団の構成員はまずそれぞれの軍功により評価され、それによって爵（侯）が授与され、さらにそれに基づいて官職が決まる、という「功→爵（侯）→官」の順序になっている[4]。もし、この説が正しければ、中央政府の上級官僚である三公九卿に就いた人々もすべて軍功受益階層の中でも最も大きな軍功を持ち、最も高い爵が与えられた者であるはずである。果たしてそうだったのだろうか。また、もし、この説が成り立たないとしたら、この時期における官僚任用の基準は一体何だったのか。さらに、そのような基準が採用された理由は何だったのだろうか。

本章では、『史記』と『漢書』から得られる史料に基づき、劉邦期における政権上層部を構成する中央の三公九卿を中心とし、地方の郡の太守にも言及しながら、前漢初期における官僚任用基準及びその背後にある劉邦の官僚任用政策を明らかにしたい。

第一節　軍功と封侯

漢帝国樹立後、劉邦は建国に際し大きな貢献のあった者百四十三人を封侯した。これらの人々がいわゆる軍功受益階層の中心的な存在であることは言うまでもない。特に漢六年（紀元前二〇一年）十二月から一か月間にわたり二十九人の功臣を封侯したが、これら二十九人は特に貢献の大きい人物であっただろう。そこで、中央における官僚の任用策を議論する前に、まず、この二十九人の特徴や封侯時期について検討したい。

一　最初に封ぜられた二十九侯

漢帝国が樹立されてから最初に封侯された人物と封侯の時期は以下の通りである。

①第一期の封侯【漢六年（紀元前二〇一年）十二月甲申】

1　曹参　2　靳歙　3　王吸　4　夏侯嬰　5　傅寛

6　召欧　7　薛欧　8　陳濞　9　陳平　10　陳嬰

②第二期の封侯【漢六年正月丙戌】（第一期の二日後）

11　呂沢　12　呂釈之

③第三期の封侯【漢六年正月丙午】（第二期の二十日後）

13　張良　14　項纏　15　蕭何　16　酈商　17　周勃

18　樊噲　19　灌嬰　20　周昌　21　武儒　22　董渫

23　孔藂　24　陳賀　25　陳豨

④　第四期の封侯【漢六年正月】（第三期の次の日）

26　周竈

⑤　第五期の封侯【漢六年正月戊申】（第四期の次の日）

27　丁復

⑥　第六期の封侯【漢六年正月壬子】（第五期の三日後）

28　呂清

⑦　第七期の封侯【漢六年正月戊午】（第六期の五日後）

29　郭蒙

この後、第八期第三十番目の封侯は二ヵ月後のことであり、侯になったのは劉邦の最も憎んでいた雍歯である。『史記』巻五十六留侯世家に

上已封大功臣二十余人、其余日夜争功不決、未得行封。上在洛陽南宮、望見諸将往往相与坐沙中語。上曰、「此何語。」留侯曰、「陛下不知乎。此謀反耳。」上曰、「天下属安定、何故反乎。」留侯曰、「陛下起布衣、以此属取天下、今陛下為天子、而所封皆蕭、曹故人所親愛、而所誅者皆生平所仇怨。今軍吏計功、以天下不足遍封、此属畏陛下不能尽封、恐又見疑平生過失及誅、故即相聚謀反耳。」上乃憂曰、「為之奈何。」留侯曰、「上平生所憎、群臣所共知、誰最甚者。」上曰「雍歯与我故、数嘗窘辱我、我欲殺之、為其功多、故不忍。」留侯曰、「今急先封雍歯以示群臣、群臣見雍歯封、則人人自堅矣。」於是上乃置酒、封雍歯為什方侯、而急趣丞相、御史定功行封。群臣罷酒、皆喜曰、「雍歯尚為侯、我属無患矣。」

とあり、この雍歯に対する封侯が人心を安定させるために行われたのは明らかである。また、この史料から全七期

二十九人に対する封侯は一ヵ月間で終わったが、その後の二ヵ月間封侯が行われなかったことも分かる。それは群臣がお互い功労を争ったために、なかなか順番が決められなかったからである。つまり、この二十九名はその功績がだれからも認められた大物であったということが分かる。[5]

二　二十九侯の構成と功について

これまでの研究では、劉邦とともに戦った人に対して「劉邦集団」または「功臣集団」という言い方がよく使われているが、しかし、彼らは決して一枚岩ではなく、人により劉邦とのかかわり方はそれぞれ異なっており、漢帝国樹立に対する貢献の仕方も様々である。そのため、劉邦集団の構成員、とりわけこの二十九侯を以下のようにいくつかのグループに分けることが可能である。

①　陳嬰、項纏、呂清について

10番の陳嬰はもともと楚の柱国（最高武官）であり、項羽の死後漢に帰属した。14番の項纏は項羽の叔父であり、鴻門の会で劉邦を救ったことで知られている。28番の呂清に関しては具体的な史実はないが、[6]『史記』巻十八高祖功臣侯者年表には

以漢五年用左令尹初従、功比堂邑侯

とある。左令尹は楚の官名であり、漢の五年に左令尹の身分で初めて劉邦に従っている。また、「功比堂邑侯」とあるが、堂邑侯は陳嬰であるため、呂清ももともと楚の大臣であったと推測される。すなわち、以上の三人はいずれも項羽集団の重要人物であったが、それぞれの形で劉邦に協力し、漢帝国の樹立に大きく貢献したと思われる。ただし、彼らは劉邦集団の中心的な人物でなかったことは言うまでもない。

② 呂沢、呂釈之について

11番の呂沢と12番の呂釈之は呂太后の二人の兄である。長兄呂沢が武将であったことは言うまでもないが、次兄呂釈之も劉氏と呂氏の家族を守っていたので、同じく武将であったと思われる。二人は呂氏一族の中心人物であり、劉邦とは特殊な関係にある。

③ 張良、陳平、蕭何、夏侯嬰、周昌について

13番の張良と9番の陳平は政治や軍事などの面で知謀を働かせ、漢帝国の樹立に大きく貢献したことは周知の事実である。張良が封侯された時のことについて、『史記』巻五十五留侯世家に

良未嘗有戦闘功、高帝曰、「運籌策帷帳中、決勝千里外、子房功也。自択斉三万戸。」

とある。この記載から、張良が侯に封ぜられたのは、武将としての「戦闘功」（以下、「戦功」という）ではなく、様々な策謀を立てた功績が評価されたことが分かる。9番の陳平も基本的に張良と同じである。彼は都尉や護軍中尉を務めたことがあったが、これらは軍職であるものの、その内容は武将たちを監視することであり、通常の意味での武将ではなかった。そのため、陳平は封侯されるとき、素直に受け入れようとしなかった。『史記』巻五十六陳丞相世家に

平辞曰、「此非臣之功。」上曰、「吾用先生謀計、戦勝克敵、非功而何。」

とある。つまり、陳平が封侯されたのも戦功があったためではなく、劉邦の側近として策謀を立てたためであった。

15番の蕭何は楚漢戦争期には主に根拠地の建設に力を尽くし、その功績が評価され侯に封ぜられた。ただし、彼に最大の食邑が与えられた時、戦功がなかったために武将たちから強く反対された(7)。

そして、4番の夏侯嬰についてはあまりはっきりとはしないが、『史記』巻十八高祖功臣侯者年表に

以令史従降沛、為太僕、常奉車、為滕公、竟定天下、入漢中、全孝恵・魯元、侯、六千九百戸。常為太僕。

とある。つまり、彼は終始太僕として劉邦の乗る馬車を御していたため、いつも劉邦と一緒に戦場を駆け巡った。彼に対する封侯は、戦功を挙げたことではなく、劉邦の側近としてこの仕事を見事に果たしたことにあると言えよう。

以上の考察から分かるように、この四人は封侯の理由こそ異なるものの、共通して言えることは、軍隊を率いて戦ったり、城を攻めたりした武将としてではなかったことにある。

20番の周昌については、『史記』巻十八高祖功臣侯者年表に

初起以職志撃破秦、入漢、出関、以内史堅守敖倉(8)、以御史大夫定諸侯。

と、封侯の理由が記載されている。劉邦の挙兵後、彼は「職志」（旗手）として秦との戦いに参加し、その後、内史として敖倉を敵から守ったことがあった。つまり、彼には戦功があったと言える。しかし、第二節にあげる表4の三公九卿表から分かるように、周昌は漢元年から三年まで中尉であり、その後御史大夫を務めているので、こちらの職務での功績の方がより大きいと思われる。あるいは、彼には文武両方の功績があったとも言える。

④　残る十九人について

残る十九人のうち、1番の曹参、2番の靳歙、5番の傅寛、16番の酈商、17番の周勃、18番の樊噲、19番の灌嬰については『史記』と『漢書』の中にそれぞれ伝記がある。その中には、時間別・戦役別に殺した敵の数や他の戦功が詳しく記されているので、この七人が武将であったことは言うまでもない。

また、劉邦が項羽と決戦したとき、

淮陰侯将三十万自当之、孔将軍居左、費将軍居右。（『史記』巻八高祖本紀）

との記載がある。『史記』巻十八高祖功臣侯者年表の索隠によれば、ここの孔将軍と費将軍とは23番の孔藂・24番の陳賀のことである。また『史記』巻十八高祖功臣侯者年表によると、孔藂は「以左司馬入漢、為将軍、三以都尉撃項羽、属韓信、功侯」、陳賀も「以左司馬入漢、用都尉属韓信、撃項羽有功為将軍、定会稽・浙江・湖陽」とあり、両者は間違いなく武将であった。

そして、残る十人について、『史記』巻十八高祖功臣侯者年表には次のように記しており、すべて武将であったことが確認できる。

3番　王吸「至覇上、為騎郎将。以将軍撃項羽」
7番　薛欧[9]「至覇上、為郎中、以将軍撃項羽（将）鐘離昧」
6番　召欧「以騎将定燕趙」
8番　陳濞「以刺客将、入漢、以都尉撃項羽、絶甬道、撃殺追卒功、侯」
21番　武儒「兵初起、以謁者従撃破秦、以将軍撃定諸侯功、比博陽侯（陳濞）」
22番　董渫「兵初起、従撃秦、為都尉。定三秦。出関、以将軍定諸侯、功比厭次侯（元頃）」
25番　陳豨「以特将将卒五百人従起宛朐、至覇上、為侯、以遊撃将軍別定代、已破臧荼、封豨為陽夏侯」
26番　周竈「以長鈹都尉撃項羽、有功、侯」
27番　丁復「以趙将従起鄴、以越将従起薛、入漢、定三秦、別降翟王、属悼武王、殺龍且彭城、為大司馬。破羽軍葉、拝為将軍、忠臣」

29番　郭蒙「属悼武王、破秦軍杠里、楊熊軍曲遇、入漢為越将軍、定三秦、以都尉堅守敖倉、為将軍、破籍軍、功侯」

以上のように、この十九人の戦績と身分から、彼らはすべて戦功により封侯されたことが窺える。

三　軍功の概念と劉邦の封侯基準

漢帝国における封侯は劉邦の「無功不得侯」で示されるように、「功」に基づいて行われた。問題は、ここでの「功」とは具体的に何を指すものかである。通常、これについては二種類の解釈がある。広義に解釈すれば、形式はどうであれ、漢帝国の樹立に貢献したすべての功績が含まれるべきである。狭義に解釈すると、敵と直接戦うことによる功績、つまり「戦功」だけを「功」とする。

前項の検討から、次のようなことが明らかになる。まず、第一に、漢帝国が樹立してから実施された封侯は「戦功」という狭義の意味での功績に基づいて行われたものではなく、戦功以外の功績も含む広い意味で行われている。戦功を持つ者を武将というなら、それ以外の功績を持つ者はおおむね文臣であり[10]、前漢初期においては両方とも評価されたのである。第二に、「功」に対する劉邦と他の構成員との考え方には微妙なズレが存在していた。張良や陳平の封侯についての劉邦の話や蕭何を最大の侯に封じたときに生じた武将たちの反発から分かることは、前漢初期における一般的な通念では「功」とは「戦功」を指すものであった。しかし、劉邦の立場からすれば、形はどうであれ漢帝国の樹立に対する貢献であれば「功」に当たり、同じように評価し封侯すべきである。その意味で劉邦の考えた「功」は広義なものである。李開元氏の言う軍功はこのような広義の「功」として捉えており、本書ではこれを踏襲して議論を進めていきたい。

それでは、劉邦期における官僚の任用は軍功と果たしてどのような関係があっただろうか。

第二節　漢五年の三公九卿について

一　三公九卿と軍功

三公九卿は漢代における中央政府の最高級官僚であり、国家は彼らによって運営されていた。そのため、どのような人物がどのような理由によって三公九卿に任命されたのかを明らかにすることは、劉邦期の官僚任用政策の特徴を解明するのに極めて重要であると考えられる。『漢書』巻十九百官公卿表によれば、劉邦期の三公九卿の構成は表4の通りである。

表4から分かるように、劉邦期における三公九卿の就任者は二十人であり、そのうち前述した二十九侯から任用されたのはわずか七人でしかなかった。漢帝国の樹立に最も大きな「軍功」を挙げた二十九侯が三公九卿に占める割合はわずか三分の一に過ぎなかった。このような事実から見れば、軍功と官職との厳格な関係は存在しなかったのではないかと思われる。

また、上述の「功→爵（侯）→官」の順序についても、実際の任用状況から見るとこれが存在していたとは言い難い。というのは、表4から窺えるように、漢帝国の官制は帝国樹立後に作られたものではなく、漢王国時代の漢元年（紀元前二〇六年）からその雛型がすでにでき上がっており、丞相・太僕・御史大夫・中尉・治粟内史などの重要な官職はすでに設置されていた。しかも、これらの官職に登用された人物は帝国樹立後もほとんど従来の官職に留まっている。そして、漢五年（紀元前二〇二年）、劉邦が項羽を破り最終的な勝利を勝ち取ったまさにこの年に、三公九卿のほぼすべての官職に担当者が任命され、中央政府の官僚機構が一通り整備されたことが分かる。ここで注目しなければならないのは、群臣の功労を査定し、封侯し始めたのはその一年後の漢六年（紀元前二〇一年）で

表4　漢元年から十二年までの三公九卿表

	元年	二年	三年	四年	五年	六年	七年	八年	九年	十年	十一年	十二年
丞相／相国	蕭何	蕭何	蕭何	蕭何	蕭何	蕭何	蕭何	蕭何	蕭何	蕭何	蕭何	蕭何
太尉					盧綰	×	×	×	×	×	周勃	×
御史大夫	周苛	周苛	周苛	周昌	周昌	周昌	周昌	周昌	周昌	趙尭	趙尭	趙尭
奉常							叔孫通	叔孫通	叔孫通	×	×	叔孫通
郎中令					王恬啓	王恬啓？	王恬啓？	王恬啓？	王恬啓？	王恬啓？		
衛尉						酈商	酈商？				王氏	王氏？
太僕	夏侯嬰	夏侯嬰	夏侯嬰	夏侯嬰	夏侯嬰	夏侯嬰 公上不害	夏侯嬰	夏侯嬰	夏侯嬰	夏侯嬰	夏侯嬰	夏侯嬰
廷尉					義渠	義渠？	義渠？	義渠？	義渠？	宣義	王恬啓？	育
典客					薛欧	薛欧？	薛欧？	薛欧？	薛欧？	薛欧？	薛欧？	薛欧？
中尉	周昌	周昌	周昌		丙猜	丙猜？	丙猜？	丙猜？	丙猜？	丙猜？	戚鰓	戚鰓？
少府					陽咸延	陽咸延	陽咸延	陽咸延	陽咸延	陽咸延	陽咸延	陽咸延
治粟内史	襄	襄？	襄？	襄？	襄？	襄？	襄？	襄？	襄？	襄？	襄？	襄？

注：1）本表は主に『漢書』百官公卿表に基づくが、『史記』・『漢書』の紀伝も参照した。
2）？ は文献に基づき推測したものであり確実なものではない。×はその時点で欠員であったことを示している。また空白は実態が不明であったことを示している。

あったことである。つまり、それまでの官僚の任用が軍功や爵（侯）を基準に行われたものではないことは明らかである。

二　三公九卿の任用原則

それでは、劉邦は官僚機構を整備していく過程で、どのような基準に基づいて官僚を任用していたのだろうか。表4に示される三公九卿を年代順に従って検討し、この問題に迫ってみたい。

①　帝国樹立前の任用

表4から分かるように、少なくとも丞相・御史大夫・太僕という三つの官職の人選は漢帝国樹立前の漢王国時代に行われたものの継続であった。このため、本節ではまず漢元年に就任した人物から議論しよう。

まず、丞相蕭何について。ここで注目したいのは、蕭何は軍功により丞相となったのか、あるいは丞相になってから功労を立てたのかである。『史記』巻五十三蕭相国世家に

> 秦御史監郡者与従事、常辨之。何乃給泗水卒史事、第一。秦御史欲入言徴何、何固請、得毋行。及高祖起為沛公、何常為丞督事。沛公至咸陽、諸将皆争走金帛財物之府分之、何独先入収秦丞相御史律令図書蔵之。沛公為漢王、以何為丞相。

とあるように、蕭何は沛県にいたときにはすでにその優れた行政能力が評価されており、泗水郡の卒史の時には第一位の業績を挙げ、また秦の御史は彼を高く評価し、中央に推薦しようとするほどであった。そのため、劉邦は沛公になってからすぐに蕭何を丞相に任命した。これについて、『史記』索隠では

謂高祖起沛、令何為丞、常監督庶事也。

と解釈している。すなわち、劉邦が沛公の時期から、蕭何に行政管理を任せていた。また、劉邦の軍隊が秦を破って咸陽に入った時、他の諸将が財宝を争ったのに対して、蕭何は早速秦の丞相・御史の律令と図書を集め、後の漢王国の経営に多いに役立てた。『史記』巻五十三蕭相国世家に

漢王之所以具知天下阨塞、戸口多少、彊弱之処、民所疾苦者、以何具得秦図書也。

とある。また、漢書巻一高帝紀に「天下既定、命蕭何次律令」とあり、おそらく、蕭何は律令を制定する時にも秦の丞相・御史の律令と図書を参考にしていたのだろう。こうしたことから見て、蕭何は確かに丞相の資質を持つ人物であった。漢元年、劉邦が項羽を攻撃しに出かけたとき、蕭何は

留収巴蜀、塡撫諭告、使給軍食。（『史記』巻五十三蕭相国世家）

とある。そして、漢二年（紀元前二〇五年）から

守関中、侍太子、治櫟陽、為法令約束、立宗廟社稷宮室県邑……関中事計戸口転漕給軍、漢王数失軍遁去、何常与関中卒、輒補缺、上以此専属任何関中事。（『史記』巻五十三蕭相国世家）

という。すなわち、蕭何は後方で漢帝国の樹立に大いに貢献したため、漢帝国の官僚制度が確立されたときに、丞相としてそのまま留任した。こうした経緯から、蕭何は相国（丞相）となったのはその軍功によるものではなく、優れた行政能力によるものであった。その後も相国（丞相）としてさらに大きな功労を積み重ねた結果、侯に封ぜ

られたと解釈すべきであろう。建国後、蕭何が官僚のトップである相国に任命されたことに対して武将らは何の不満も言わなかったが、蕭何の功を第一位にしようとしたときに大きな反発を招いた。このことは、相国である人が必ず第一位の戦功または軍功を持つものでなければならないという原則が存在しなかったことを示している。

夏侯嬰は劉邦が挙兵する前に、沛の廏司御、すなわち馬廏の仕事をしていた。この関係で、劉邦が沛公になってから、夏侯嬰を太僕に任じた。それ以後、夏侯嬰はずっと御者として劉邦に従い、大きな功績を残した（『史記』巻九十五樊酈滕灌列伝）。このことから見て、建国後彼が引き続き太僕の位にあったのは軍功があったからだけではなく、馬に関する仕事に対する優れた能力と経験が認められたからであろう。

周昌と周苛は沛出身の従兄弟で、ともに泗水の卒史であった。彼らは劉邦が沛で挙兵したときに従ったのではなく、挙兵して二年目に泗水を攻めてきたときに初めて従ったのである。劉邦が漢王になってから、周苛は御史大夫に、周昌は中尉に任命されたが、三年後に周苛が亡くなってから周昌がその後任として御史大夫に任命された（『史記』巻九十六張丞相列伝）。劉邦がこの人事を行った基準についての史料はないが、二人はもともと秦の官吏であり、劉邦集団のほかのメンバーに比べて法律などに関してかなり高い知識と経験を持っていたためではないかと推測される。特に興味深いことは、『史記』巻十八高祖功臣侯者年表には周昌の主要な事跡として以下のようなことが紹介されている。

初起、以職志撃破秦、入漢、出関、以内史堅守敖倉、以御史大夫定諸侯、比清陽侯、二千八百戸。

このように、内史として敖倉を堅守し、御史大夫として諸侯を定めたことが、周昌が封侯された理由とされている。すなわち、周昌も職務を遂行することにより功績を積み重ね、その結果として封侯されたのである。

治粟内史襄に関する史料は非常に少なく、『史記』巻十八高祖功臣侯者年表にしか彼に関する記述は見られない。

それによると、彼は、

以執盾隊史前元年従起碭、破秦、以治粟内史入漢、以上郡守撃定西魏地、功侯。

という。この記述から見れば、漢元年（紀元前二〇六年）に彼が軍功により治粟内史となったのではないことが明らかである。

このように、以上の四人はいずれも封侯されてから任官されたのではなく、逆にまずそれぞれ優れた能力があったために任官され、その職で大きな功績を挙げたために封侯されたのである。

② 漢五年（紀元前二〇二年）から漢六年（紀元前二〇二年）までの任用

漢五年（紀元前二〇二年）に、漢帝国が樹立した。建国のために多大な軍功を挙げた人物が現れたことにより、従来と異なる官僚任用方法が採用された可能性は否定できない。このことを確認するため、建国初期に新たに任命された三公九卿について検討する必要がある。

まず、中尉丙猜について見てみよう。彼は客の身分で劉邦に従って漢に入ったが、どのような経緯で中尉になったのかははっきりとしない。封侯された順位は五十三番目で[11]、大物の功臣であったとは言い難い。

また郎中令王恬啓・少府陽咸延・廷尉義渠にいたっては、劉邦が死ぬまでに封じた百四十三人の中にさえ入っていない。そのため、封侯された人々と比べ、たいした軍功がなかったと考えても差支えなかろう。特に廷尉義渠についでは具体的な事跡はほとんど残っておらず、軍功の大きさにより九卿になったとは言い難い。一方、郎中令王恬啓・少府陽咸延は呂太后期にいたりようやく封侯された人物である。王恬啓が呂太后四年に封侯された理由は、

高祖五年為郎中柱下令、以衛将軍撃陳豨、用梁相侯。（『史記』巻十九恵景間侯者年表）

ということであった。すなわち、封侯される前に、郎中柱下令・衛将軍、そして梁相となり、これらの官職で業績を挙げたことにより侯となっている。また少府陽咸延の場合は、

以軍匠従起郟、入漢、後為少府、作長楽・未央宮、築長安城、先就、功侯、五百戸。(『史記』巻十九恵景間侯者年表)

と記されている。陽咸延がいつ劉邦集団に加わったのかははっきりとしないが、劉邦集団に加わった場所が郟で、身分は軍匠であったことから見て、彼はもともと秦の軍匠であった可能性が大きい。恐らく、建築に長けていたため、漢五年に少府となり、長楽宮と未央宮の建設に力を発揮したと思われる。陽咸延は呂太后元年に封侯されたが、その最大の理由は長安城を計画より早く築き上げたことによる。この点から見て、彼もまた前述した人々と同じように、先に官職に登用されて功績を挙げ、それに基づき侯になったと言える。

一方、新たに三公九卿に就任した人々の中で、大物の武将と言えるのは典客薛欧と太尉盧綰だけであった。薛欧が典客に任じられた理由がどのようなものであったのかは特定できないが、少なくとも軍功により任用したとする記述は見当たらない。また、盧綰が太尉に任命されたのは、軍功の高さによるというより、彼が劉邦と極めて親密な関係にあったことによるのではないかと思われる。周知のように、盧綰と劉邦は子供の時代からの親友で、劉邦から厚く信頼されていた(12)。そして盧綰が燕王に移されて以降、太尉は廃止され、それ以降長い間太尉の職は空白のままであった。

以上のことから分かるように、建国当初の三公九卿の任用についても、軍功と官職を直接結びつける接点を見いだすことができなかった。

これまでの人事はいずれも軍功が評定される前に行われたものであるが、軍功の評定が行われた漢六年から漢十

二年までの人事と軍功や侯爵との関係はどうだったろうか。次はこのことについて検討したい。

③　漢六年（紀元前二〇一年）から十二年（紀元前一九五年）までの人事

中央政府の官僚機構が整備されてから一年後の漢六年（紀元前二〇一年）に、劉邦は前述のような封侯を行った。それまでは劉邦集団の構成員の軍功については必ずしも明確に評価されていなかったが、封侯が行われたことにより、それぞれの軍功の高さと順位が明らかにされた[13]。もし、軍功や侯に基づいて任官するという原則が存在したのなら、この時期の人事に最も当てはまるはずだと思われる。

表4から分かるように、漢六年（紀元前二〇一年）から十二年（紀元前一九五年）までの間、相国と太僕は依然として蕭何と夏侯嬰であった。御史大夫は周昌から趙尭に代わり、奉常には新しく叔孫通が任命され、廷尉は宣義に代わった。衛尉は酈商、のち王氏が任命され、中尉は戚鰓であった。これらの新しく任命された人々は一体どのような人物であったのだろうか。

漢九年（紀元前一九八年）、劉邦は自分の死後、最愛の息子如意を呂太后から守るために、御史大夫周昌を移して、趙王如意の丞相とした。その後、誰を御史大夫に登用するかについて、しばらくの間劉邦は迷っていた。御史大夫は三公の一人であり、中央政府の中枢にある官職であった。もし、軍功に基づいて官職を配分する原則が存在していたのならば、このような重要な官職には、大きな軍功があり封侯順位の高い者が任命されたであろう。しかし、実際に任命されたのは、さほど大きな軍功がない刀筆の吏であった趙尭であった。『史記』巻九十六張丞相列伝に

（周昌）既行久之、高祖持御史大夫印弄之、曰、「誰可以為御史大夫者。」熟視趙尭、曰「無以易尭。」遂拜趙尭為御史大夫。尭亦前有軍功食邑、及以御史大夫従撃陳豨有功、封為江邑侯。

とある。趙尭の人物像については、『史記』巻九十六張丞相列伝に

趙尭年少、為符璽御史。趙人方与公謂御史大夫周昌曰、「君之史趙尭、年雖少、然奇才也、君必異之、是且代君之位。」周昌笑曰、「尭年少、刀筆吏耳、何能至是乎。」

とある。趙尭が御史大夫に任命された時、軍功による食邑があったものの、御史大夫に登用されるほど大きな軍功であったとは言えない。なぜなら、御史大夫になった後、陳豨を征伐し軍功を立てたときでさえ、わずか六百戸の侯に封じられたに過ぎないからである。史書には彼が「年少」と書かれており、若者であったことは間違いない。また御史大夫に選ばれるまではただの皇帝の符璽を司る御史であった。しかし、劉邦の悩みを彼がよく理解し、劉邦のために策謀を立てることができた。『史記』巻九十六張丞相列伝に

高祖独心不楽、悲歌、群臣不知其所以然。趙尭進請問曰、「陛下所為不楽、非為趙王年少而戚夫人与呂后有郤邪。備万歳之後而趙王不能自全乎。」高祖曰、「然、吾私憂之、不知所出。」尭曰、「陛下独宜為趙王置貴彊相、及呂后・太子・群臣素所敬憚乃可。」高祖曰、「然。吾念之欲如是、而群臣誰可者。」尭曰、「御史大夫周昌、其人堅忍質直、且自呂后、太子及大臣皆素敬憚之。独昌可。」高祖曰、「善」。

とある。この史料から分かるように、彼は極めて有能な人物であった。劉邦は趙尭の能力を評価し、熟慮した上で御史大夫に任命したのだろう。また、方与公が周昌に対し、趙尭がやがて周昌に替わるような人物になると予測していること自体、前漢初期において軍功に基づき官吏を任命するという原則は存在せず、むしろ才能に基づいた任命がなされていたことを強く示唆している。

次に他の官職について検討してみよう。奉常の叔孫通は周知の通りもともと秦の博士で、漢二年（紀元前二〇五年）に劉邦に従った。漢七年（紀元前二〇〇年）、朝歳の礼を作ったところ、劉邦が「吾廼今日知為皇帝之貴也」と

喜び、「洒拜叔孫通為太常」とした。これも明らかに軍功ではなく、能力により九卿に任命された例である。衛尉王氏と廷尉育については事跡はもちろん、その姓・名すら不明であり、封侯されてもいない。戚鰓はいつ、どこで劉邦に従ったのかははっきりとしないが、漢十一年（紀元前一九六年）二月に百十二番目に中尉として封侯された。これも先に官職があり、後で侯となった事例である。

最後に公上不害は漢六年（紀元前二〇一年）、太僕となり、劉邦に従って陳豨の鎮圧に行った。そこで功績を立て、漢十年二月、百十三番目に侯に封ぜられた（『史記』巻十八高祖功臣侯者年表）。すなわち公上不害も先に任官され、功績を挙げてから侯に封ぜられたのである。このように、漢六年以後においても、軍功と任官の関連は見られず、大きな軍功を挙げた武将であっても中央政府ではあまり起用されていない。武将が任命される最も重要な官職は大尉であったが、その職は長年空白のままであった。漢十一年（紀元前一九六年）に、周勃は太尉に任命されたが、翌年燕王盧綰が反乱を起こしたため、周勃は相国として戦いに行った（『史記』巻五十七周勃世家）。この相国の身分は戦いに行くために一時的に任命されたものであり、燕の反乱を鎮圧して帰ってきたあとには列侯となった。『史記』巻五十七周勃世家は、次のように記している。

勃既定燕而帰、高祖已崩矣。以列侯事孝恵帝。

すなわち、太尉になってから一年でその職を解かれ、ただの「列侯」の身分で恵帝に仕えた。唯一の例外は、衛尉の酈商である。酈商は前漢初期の有名な武将であり、封侯順位が十六番目の大物である。しかし、任官した衛尉は皇帝を守る衛隊長のようなものであり、他の官僚と性格が違う。それはその人の軍功の大きさというよりも、武将としての能力や皇帝からの信頼度により任命される職である。

以上の考察をまとめると表5になる。

表5　劉邦期三公九卿経歴表（漢六年～十二年）

官職	名前	出身	封侯順位	侯の順位
丞相（相国）	蕭何	秦吏	15	1
太尉	盧綰	不明	燕王	
	周勃	織曲者	17	4
御史大夫	周昌	秦吏	20	16
	趙尭	不明	×	廃（呂后元年）
奉常	叔孫通	秦博士	×	
郎中令	王恬啓	不明	×	
衛尉	酈商	将軍	16	6
	王氏	不明	×	
太僕	夏侯嬰	秦吏	3	8
	公上不害	不明	×	123
廷尉	義渠	不明	×	
	宣義	不明	×	122
	育	不明	×	
典客	薛欧	不明	7	15
中尉	丙猜	不明	53	41
	戚鰓	不明	×	116
少府	陽咸延	秦吏	×	
治粟内史	襄	不明	50	廃（呂后元年）

注：表について，侯であったかどうかは任官していた時点で判断する。任官と同時に侯となった場合，非侯とし，×と表示する。

このように、漢六年（紀元前二〇一年）から十二年（紀元前一九五年）までに三公九卿となった十九人の出身、経歴および任官時期と封侯時期に関する考察から分かるように、封侯が行われ、それぞれの順位がつけられてからも、軍功や侯の順位に基づく官僚任用が行われたことを支持する根拠は見当たらない。また、この分析により、以下の興味深い三つの事実が分かる。

まず第一に、漢五年（紀元前二〇二年）から漢十二年（紀元前一九五年）にかけて、第一節で挙げた二十九侯のうち、戦功を挙げた武将が三公九卿に任命されたのは盧綰、周勃、酈商、薛欧の四人であり、一時的に任命された太尉の盧綰・周勃を除けば、実質的には二人しかいない。しかも、酈商は軍功の高さというよりも皇帝との信頼関係によって任命されたと思われる。このようなことから、漢帝国の樹立に大きな功績を残した武将たちは中央政府の官僚機構にほとんど登用されなかったことが分かる。

第二に、趙尭、公上不害、宣義の三人はいつ、どのような身分で劉邦に従い、建国前にどのような事跡があったのかについて高祖功臣侯者年表に記されていないものの、漢五・六年の時点で、すでにそれぞれ御史・太僕・中地守になっている。特に公上不害と宣義は漢六年に任用された時点で初めて事跡が残されたことから、彼らは恐らく軍功によって登用されたのではなく、建国後にそれぞれの能力に基づき登用されたと考えられる。

第三に、この十九人の内、出身が明らかになっている九人のうち、五人はかつての秦吏であった。このことは劉邦政権の官僚任用政策を如実に表しているのではないかと思われる。

④　官僚任用の原則

それではこのような現象は一体何を意味するのだろうか。筆者は、これらは決して偶然の結果ではなく、より積極的・現実的な理由があったのではないかと考えている。漢帝国が樹立して以降、優れた行政能力を有する官僚に対する需要が急増したことは明らかである。そこで必要とされるのは、軍功を多く立てた者ではなく、行政や法律に精通した人物である。周知のように、劉邦集団の多くはもともと社会の下層の出身であり、戦争に関しては有能であったかもしれないが、国家を運営した経験はなく、またそうした能力を持つ者も少なかった。一方、劉邦集団の中でも行政や法律に関する知識を有する者、特に秦代に官僚としての経験を持つ者がこのニーズに応えることができたのである。このため、漢帝国の樹立後、戦績が顕著な武将たちは封侯され、経済的な利益や社会的な地位が与えられたが、中央政府の官僚体制の中には入ることができず、政治権力の中枢から除外されてしまったのである。一方、優れた行政能力を有する者は、大きな軍功がなかったのにもかかわらず新政府の官僚体制の中に組み込まれたのである。叔孫通や趙尭たちが登用されたのもこのためであろう。三公九卿の中に武将出身者が少なく、秦吏出身の者が相対的に多かったのは、漢初における官僚の任用が軍功本位ではなく、能力本位で行われていたことを示している。

このことを説明するのにもっともよい例として周勃が挙げられる。呂氏一族を排除したことで大きな功績を挙げた周勃は、文帝期に官僚の最高ポストである右丞相に就任した。彼はもともと薄曲を織ることを生業とし、葬式の時には簫を吹いて生計を立てていたが、劉邦が沛公として挙兵した際、中涓として従い、南北に遠征して卓越した軍功を挙げた。一方、性格的には粗暴で愚鈍であり、学者や遊説の士を招くたびに、自分が東に向いて座り、相手に対して「言いたいことを早く言え」と責めるような人物であった（『史記』巻五十七周勃世家）。その周勃が右丞相であった時のこと、文帝から国政について質問されたとき、一つも答えることができなかった。この時のことは、『史記』巻五十六陳丞相世家に

居頃之、孝文皇帝既益明習国家事、朝而問右丞相勃曰、「天下一歳決獄幾何。」勃謝曰、「不知。」問、「天下一歳銭穀出幾何。」勃又謝不知、汗出沾背、愧不能対。於是上亦問左丞相平。平曰、「有主者。」上曰、「主者謂

誰。」平曰、「陛下即問決獄、責廷尉。問銭穀、責治粟内史。」上曰、「苟各有主者、而君所主者何事也。」平謝曰、「主臣。陛下不知其駑下、使待罪宰相。宰相者、上佐天子理陰陽、順四時、下育万物之宜、外鎮撫四夷諸侯、内親附百姓、使卿大夫各得任其職焉。」孝文帝乃称善。右丞相大慚、出而譲陳平曰、「君独不素教我対。」陳平笑曰「君居其位、不知其任邪。且陛下即問長安中盗賊数、君欲強対邪。」於是、絳侯自知其能不如平遠矣。

とある。丞相でありながら自らが何をやるべきかさえ知らない周勃の姿は、知謀の士として知られる左丞相陳平とは対照的である。しかし、こうしたことは周勃の出身を考えれば少しも不思議ではない。そして、劉邦集団のメンバーの中に周勃のような人が大勢いたことは言うまでもない。劉邦はこうしたことから周勃・樊噲・灌嬰などを武将として軍事を担当させ、秦吏出身の蕭何や周昌兄弟らに国家の管理運営を担当させるという使い分けをしていたと考えられる。つまり、前漢初期において文臣と武将の違いがすでにはっきりしていた。この違いが、漢六年の蕭何の封侯をめぐって表面化したのである。

第三節　文武の対立と劉邦の統治理念

一　蕭何の封侯をめぐって

蕭何は漢帝国の第一位の功臣であり、彼なしでは漢帝国の樹立はなかったと言えるほどの重要な人物であった。しかし、漢帝国樹立当初の劉邦集団の中では、必ずしもそのようには考えられておらず、そもそも蕭何の封侯順番も諸武将たちより遅い第十五番目であった。それにもかかわらず、封侯された時に与えられた戸数が最も多かったため、武将たちから強い反発を招いた。『史記』巻五十三蕭相国世家には次のように記されている。

高祖以蕭何功最盛、封為酇侯、所食邑多。功臣皆曰、「臣等身被堅執鋭、多者百余戦、少者数十合、攻城略地、大小各有差。今蕭何未嘗有汗馬之労、徒持文墨議論、不戦、顧反居臣等上、何也。」高帝曰、「諸君知猟乎。」曰、「知之。」「知猟狗乎?」曰、「知之。」高帝曰、「夫猟、追殺獣兔者狗也、而発蹤指示獣処者人也。今諸君徒能得走獣耳、功狗也。至如蕭何、発蹤指示、功人也。且諸君独以身随我、多者両三人。今蕭何挙宗数十人皆随我、功不可忘也。」

この史料から分かるように、劉邦は蕭何の功績を最も高く評価しているが、武将たちは戦場で挙げた戦功だけを「功」と考え、蕭何の貢献をそれほど評価しなかった。これに対して、劉邦は猟をする際の人間と犬の役割の違いで例えて文臣の蕭何と武将たちの功績の違いを説明して皆を説得し、さらに「今、蕭何は宗を挙げて数十人皆我に随う」という話をつけ加えた。この史料からは、蕭何の封侯が武将から強い反発を受けたことに加え、劉邦が武将たちを説得するのが大変困難であったということも読み取れる。それは、最後につけ加えた「今蕭何挙宗数十人皆随我」という話から窺える。劉邦が挙兵して以降、酈商と王陵はそれぞれ数千人、陳豨も五百人の軍隊を率いて劉邦に従うなど、蕭何を上回るような貢献をした武将がいたにもかかわらず、このような話をわざわざつけ加え、蕭何の功績を強調しなければならなかったからである。

またその後、侯の順位付けをする際にもこうした反発が生じた。『史記』巻五十三蕭相国世家に

列侯畢已受封、及奏位次、皆曰、「平陽侯曹参身被七十創、攻城略地、功最多、宜第一。」上已橈功臣、多封蕭何、至位次未有以復難之、然心欲何第一。

と記されている。劉邦は蕭何の功績が最も高いと評価し、最大の食邑を与えたが、侯の順位付けに際しても彼を一

番にしたいと考えた。しかし、功臣たちの強い反発を見て躊躇せざるを得なかった。このとき、鄂千秋という人物が劉邦のために蕭何の功績を論じた。『史記』巻五十三蕭相国世家には次のように記されている。

「群臣議皆誤。夫曹参雖有野戦略地之功、此特一時之事。……蕭何常全関中以待陛下、此万世之功也。今雖亡曹参等百数、何缺于漢。漢得之不必待以全。奈何欲以一旦之功而加万世之功哉。蕭何第一、曹参次之。」高祖曰「善」。……「蕭何功雖高、得鄂君乃益明。」於是、因鄂君故所食関内侯邑封為平安侯。……乃益封何二千戸、以帝嘗繇槃陽時何送我独贏奉銭二也。

鄂千秋がこのように論じなければならなかったように、蕭何の功績は武将たちには認められていなかったことが明らかであり、しかも武将たちの勢力が強かったため、彼らの意見に対して劉邦でさえある程度配慮せざるを得なかった。結局、蕭何に二千戸を益封した理由として「嘗繇槃陽時何送我独贏奉銭二也」としたことは口実に過ぎない。また、鄂千秋がこの発言をしただけで関内侯から平安侯に昇進したことは、劉邦が自らの強い意志を群臣に示すためではなかったかと思われる。

蕭何に対する封侯や順位付けをめぐるこのような争いは明らかに文臣と武将の対立である。この対立において、劉邦は終始文臣蕭何の側に立った。その結果として、蕭何と曹参は不仲となり、曹参は斉国の相として地方に遷された。こうした結果から、文臣の役割を公正に評価したいという劉邦の考えが窺えるが、同時に平和な時代が到来したことにより、劉邦が意図的に武将たちの勢力を抑制しようとしたのではないか、という側面も見逃せない。

それでは、劉邦はなぜこのような行動を取ったのだろうか。その答えは帝国樹立後、劉邦自らの体験から窺うことができる。

二　劉邦の統治理念

項羽との戦いに勝利し、漢帝国を樹立した時、劉邦は即位式で思わぬ事態を体験した。『史記』巻九十八劉敬叔孫通伝には以下のようなことが記されている。

漢五年、已并天下、諸侯共尊漢王為皇帝於定陶、叔孫通就其儀号。高帝悉去秦苛儀法、為簡易。群臣飲酒争功、酔或妄呼、抜剣撃柱、高帝患之。叔孫通知上益厭之也、説上曰、「夫儒者難与進取、可与守成。臣願徴魯諸生、与臣弟子共起朝儀。」高帝曰、「得無難乎。」……「可試為之、令易知、度吾所能行為之。」

平民出身で、秦の過酷な政治に反発し立ち上がった劉邦は、秦の煩雑な仕来りを嫌い、庶民的で簡易な儀式を望んでいたが、それが裏目に出てしまった。群臣、それも恐らく武将たちが「飲酒争功、酔或妄呼、抜剣撃柱」と振る舞ったからである。武将たちが功を頼り劉邦を特別視していなかったことが容易に理解できる。このような事態を『史記』も「高帝患之」と率直に記している。それだけではなく、第二節に示した劉邦と張良との会話からも分かるように、封侯が遅れると彼らの不満が高まる。そうした圧力の下で、劉邦は自身が最も憎んでいた雍歯を封侯しなければならなかった。このような政治情況の中で、儒学を嫌悪していた劉邦は叔孫通の提案を受け入れて、儀礼作法を作ることに同意せざるをえなかった。これは恐らく劉邦の統治理念を大きく変えた一つの転換点であったろう。

漢七年、長楽宮が完成し、叔孫通の制定した儀礼作法に従って、諸侯群臣が皇帝を朝見した。

自諸侯王以下、莫不震恐粛敬。至礼畢、復置法酒。諸侍坐殿上、皆伏抑首、以尊卑次起、上寿。觴九行、謁者言罷酒、御史執法、挙不如儀者、輒引去。竟朝罷酒、無敢讙譁失礼者。於是高帝曰、「吾迺今日知為皇帝之貴

也。」迺拜叔孫通為太常、賜金五百金。（『史記』巻九十八劉敬叔孫通伝）

前後二回の体験は、劉邦にとってはまさに対照的なものであった。礼儀作法を取り入れることにより、粗暴な功臣たちは大変おとなしくなり、劉邦本人も初めて皇帝の貴さを思い知らされた。このことは、彼の内心に強い衝撃を与えたに違いない。

叔孫通の作った礼儀作法とは具体的にどのような内容なのかについては必ずしもはっきりとしないが、経緯からみて、その目的は武将たちの力を抑えるものであったことが推測される。これについて、『資治通鑑』巻十一に、

初秦有天下、悉内六国礼儀、采択其尊君、抑臣者存之。及通制礼、頗有所増損、大抵皆襲秦故、……

とある。(14) これによれば、叔孫通が作った礼儀作法の精髄は「尊君抑臣」にあったことが分かる。また、『漢書』巻二十二礼楽志には

漢興、撥乱反正、日不暇給、猶命叔孫通制礼儀、以正君臣之位。

とある。すなわち、漢帝国が樹立してから、山積する課題を片づけなければならない多忙な時期であったにもかかわらず、劉邦は叔孫通に礼儀を作らせ、君臣の位を正すことを心がけていた。(15) このことから、君臣の上下関係を急いで確立しなければならないという劉邦の強い意志が窺える。また、このことと関連して、国を治めることに関する陸賈の考え方もまた劉邦に大きな影響を与えたと思われる。

『史記』巻九十七酈生陸賈伝には次のように記されている。

陸生時時前説称詩書。高帝罵之、「迺公居馬上而得之、安事詩書。」陸生曰「居馬上得之、寧可以馬上治之乎。

且湯武逆取而以順守、文武併用、長久之述也。……」高帝不懌而有慙色、迺謂陸生曰、「試為我著秦所以失天下、吾所以得之者何、及古成敗之国。」陸生迺粗述存亡之徴、凡著十二篇。毎奏一篇、高帝未嘗不称善、左右呼万歳、号其書曰「新語」。

この対話が具体的にいつなされたのかについてははっきりしないが、漢帝国樹立後であることは間違いなかろう。平民出身で、家業さえまともにしなかった劉邦はそもそも詩書などに興味がなかったが、国を統治する立場となった者として、陸賈の言葉をすぐに納得できた。それだけでなく陸賈に文章にさせ、「毎奏一篇、高帝未嘗不称善」であったという。つまり、陸賈の意見とはまさに劉邦の求めていたものであった。

陸賈との対話を通じて、劉邦は、馬上で天下を取れるが、天下を治めるには「詩書」が必要である、ということを強く認識するようになったと思われる。ここで言う「詩書」とは、礼儀作法はもちろんのこと、帝国を統治するのに必要な法律や制度なども含まれるだろう。天下を取るためには強力な武将が必要であるが、武将たちの力に頼るだけでは、帝国を維持運営することは難しい。しかも、平和な時代になると、武将たちの強い力がかえって帝国の安定にとって大きな脅威ともなりうる。この階層をさらに強化することは劉邦にとって決して望ましいことではない。劉邦だけではなく、歴代王朝の開祖がいわゆる軍功階層を排除しようとする理由はまさにここにあるだろう。そのため、軍功が大きいが行政能力のない武将たちをなるべく中央権力から外し、文臣として有能な人材を積極的に政権に登用したのではないかと思われる(16)。

三　劉邦の「知人善任」

「知人善任」とは人物をよく知り、その才能をうまく使うことを表す言葉である。人はそれぞれ異なる才能や特性を持ち、また、組織には異なるポストと異なる役目があり、異なる能力を求めている。組織の目標を達成するためには、それぞれのポストに最も適切な人材を当てる必要がある。そのために、指導者には人の才能や特性を見抜く能力とその人の能力や特性を最大限生かせるポストに起用する決断力が求められる。これは戦いや競争に打ち勝つための条件である。

劉邦が項羽との戦いに勝ち、漢帝国を樹立し、それを順調に運営することができたのは彼の「知人善任」の結果である。また、劉邦の官僚任用基準や官僚任用政策も決して特別なものではなく、彼の「知人善任」のもたらす当然の帰結である。ここでは、いくつかの史料を使って、劉邦の「知人善任」についてもう少し確認してみよう。

季布はもともと項羽（項籍）の将軍であったが、卓越した能力とともに、「一諾千金」という言葉で示されるように約束事を必ず守る、という人柄の持ち主でもあった。『史記』巻百季布欒布列伝に

　項籍使将兵、数窘漢王

とある。そのため、劉邦は季布のことを深く憎み、項羽を滅ぼしてから「購布千金」、すなわち、季布を捕まえるため千金の懸賞金をかけたほどであり、また「敢有舍匿、罪及三族」とするなど季布を死地に追いやろうとした。しかし、夏侯嬰から季布の人柄や彼を追い詰めることのリスクを聞かされると、劉邦は季布を許し、召見してその才能を認めた上で「郎中」に任命した[17]。周知のように、郎中とは皇帝の身の回りの世話をする役職で、通常、側近中の側近しか任用されないはずである。しかし、劉邦はこのような重要な位置にかつて戦った敵の将軍を任用したのである。その季布も劉邦の信頼を裏切ることなく、立派に責務を果たし、呂太后の時には郎中将に抜擢された。同じ季布欒布列伝に

単于嘗為書慢呂后、不遜、呂后大怒、召諸将議之。上将軍樊噲曰「臣願得十万衆、横行匈奴中」。諸将皆阿呂后意、曰「然」。季布曰、「樊噲可斬也。夫高帝将兵四十余万衆、困於平城、今噲奈何以十万衆横行匈奴中、面欺。且秦以事於胡、陳勝等起。于今創痍未瘳、噲又面諛、欲揺動天下。」是時殿上皆恐、太后罷朝、遂不復議撃匈奴事。

とある。樊噲は当時の上将軍であり、第二章での議論から分かるように、当時恐らく呂太后に次ぐ権力を持っていたと思われる。季布は自らの利害損得を顧みず、現実を無視した樊噲の軽率な行動を阻止し、漢帝国の安全を守った。これは、劉邦の「知人善任」を示すよい例である。劉邦は季布の人柄の中に忠誠、権力に迎合せず、冷静に考え、率直に物を言う素質があることを見抜いたからこそ、彼を権力の中枢に任用したのだろう。

また韓信と陳平の例も劉邦の知人善任を示している。季布と同じように、この二人も項羽の下で働いていたが、自らの能力が項羽に認められなかったために楚から逃げ出して劉邦の配下に入った。劉邦がこの二人を重用した時、部下たちは大変驚いた。しかし、周知の通り、韓信は武将として、また陳平は参謀としてのちの漢帝国の樹立に多大な貢献をしたのである。

このような劉邦の能力について、『史記』巻九十二淮陰侯列伝に有名な対話が残されている。

上常従容与信言諸将能不、各有差。上問曰、「如我能将幾何。」信曰、「陛下不過将十万。」上曰、「於君何如。」曰、「臣多多而益善耳。」上笑曰、「多多益善、何為我禽。」信曰、「陛下不能将兵、而善将将。此乃信之所以為陛下禽也。」

この「善将将」は「知人善任」とほぼ同じことを意味しているが、劉邦の能力を最も適切にしかも具体的に言い当てた表現である。またこの能力に対しては劉邦自身も認識しており、それなりに自慢もしていた。『史記』巻八高祖本紀五年（紀元二〇二年）条に以下のことが書かれている。

高祖置酒洛陽南宮。高祖曰、「列侯諸将無敢隠朕、皆言其情。吾所以有天下者何、項氏之所以失天下者何。」高起、王陵対曰、「陛下慢而侮人、項羽仁而愛人。然陛下使人攻城略地、所降下者因以予之、与天下同利也。項羽妒賢嫉能、有功者害之、賢者疑之、戦勝而不予人功。得地而不予人利、此所以失天下也。」高祖曰、「公知其一、未知其二。夫運籌策帷帳之中、決勝千里之外、吾不如子房。鎮国家、撫百姓、給餽饟、不絶糧道、吾不如蕭何。連百万之軍、戦必勝、攻必取、吾不如韓信。此三者、皆人傑也、吾能用之、此吾所以取天下也。項羽有范増而不能用、此其所以為我擒也。」

これは劉邦による見事な自己評価であり、上述した韓信の評価とも相通じるものがある。このように人の能力や特性を見抜き、それらを最大限に生かせる官職に任命するのは劉邦の特徴・能力であり、しかも一貫したやり方でもあった。このような劉邦にとっては、軍功や侯爵に基づいて官僚を任用するなどということは考えられず、能力本位、つまりその人の能力や特性に基づき官僚を任用したのは当然のことであろう。

四　地方官僚の任用

以上見てきたように、中央政府の高級官僚である三公九卿は能力本位で任用されていたが、当時の漢帝国にはまた数多くの地方官僚もいた。地方の官僚の任用基準を明らかにして初めて前漢初期の官僚任用政策の全体像を解明できるが、中央政府の三公九卿と比べ、地方政府の官僚に関する史料が少なく、詳細な検討は困難である。ここでは郡の太守の任用について考察してみたい。

劉邦期の郡の太守について、『史記』と『漢書』から名前が確認できるのは表6の通り、計十二人である。この中に、いわゆる軍功受益階層の最上層に当たる侯に封ぜられた者は十人いる。彼らはいつ、どのような理由で封侯されただろうか。

まず、張蒼・闔沢赤は漢帝国樹立前に太守となっており、その任用は軍功と関係がないことは明らかである。

次に、馮解敢・張相如・孫赤・任敖・趙衍の五人は、表6から分かるように、郡の太守をしていた時に、陳豨の鎮圧に参加したか、自らの郡を守ったことにより評価され侯に封ぜられた。宣義は漢六年（紀元前二〇一年）に中地守になり、その後廷尉として陳豨の鎮圧に参加し、その功績により侯に封ぜられている。また周信は河南守をもって侯に封ぜられた。即ち、この七人は侯であるものの、いずれも太守となってから封侯されている。彼らは中央の三公九卿と同じように、「官→功→侯」の順となっている。

田叔・孟舒については後に議論する。唯一の例外は劉襄である。彼は軍功により侯に封ぜられてから、淮陰、そして淮南の太守に任命されたのである。

このように、史料から確認できる十二人の太守のうち、軍功により侯となってからのちに太守に任命されたのは一人しかいない。つまり、地方官僚の任用についても軍功原則が存在したとは言えない。

それでは、劉邦期における地方官僚、とりわけ郡の太守の任用基準は何であったのだろうか。これについて、漢中太守田叔と雲中太守孟舒の任用経緯から検討してみよう。

田叔と孟舒はもともと趙王張敖の側近だった。張敖が謀反の容疑で側近十数名とともに捕えられたとき、側近らは厳しい拷問を受けたのにもかかわらず、張敖の謀反を認めようとしなかった。その結果、張敖は容疑が晴れて釈放され、彼は劉邦に自分の側近たちを推薦した。『史記』巻百四田叔列伝に

表 6　高祖期郡太守表

郡名	太守の氏名	侯名	事跡	封侯時期	封侯順位	侯の順位
常山	張蒼	北平	至覇上、為常山守、得陳余、為代相、徙趙相。侯。為計相四歳、淮南相十四歳。	六年八月丁丑	64	65
河上	閻沢赤	故（敬）市	為河上守、遷為仮相、撃項羽、功比平定侯。	六年四月	42	55
鴈門	馮解敢	閼氏	以代太尉漢王三年降、為鴈門守、以特将平代反寇、侯。	八年六月壬子	93	100
河間	張相如	東陽	高祖六年為中大夫、以河間守撃陳豨力戦功、侯。	十一年十二月癸巳	104	118
上党	孫赤	堂陽	以郎入漢、以将軍撃籍、為景侯。坐守滎陽降楚免、後復来、以郎撃籍、為上党守、撃豨、侯。	十一年正月己未	109	77
中地	宣義	土軍	高祖六年為中地守、以廷尉撃陳豨、侯、就国、後為燕相。	十一年二月丁亥	114	122
上党	任敖	広阿	為御史、守豊二歳、撃籍、為上党守、陳豨反、堅守、侯。	十一年	115	89
河間	趙衍	須昌	以謁者漢王元年初起漢中、雍軍塞陳、謁上、上計欲還、衍言従他道、道通、後為河間守、陳豨反、誅都尉相如功、侯。	十一年二月己酉	116	107
淮陰 淮南	劉襄	桃	以客従漢王二年従起定陶、以大謁者撃布、侯。為淮陰守。項氏親也、賜姓。淮南太守。	十二年三月丁巳	136	135
河南	周信	成陶	為呂氏舎人、度呂后淮之功、用河南守侯。	四年四月丙申		
漢中	田叔		趙王張敖の側近	×		
雲中	孟舒		趙王張敖の側近	×		

注：表の中の×は侯ではないこと、空欄は情報がないことを意味する。

趙王赦得出、乃進言田叔等十余人。上尽召見、与語、漢廷臣毋能出其右者、上説、尽拝為郡守、諸侯相。

とある。この十余人の中には孟舒も含まれている。劉邦との会見を通じて、彼らは漢の廷臣の誰よりも能力が高いと評価され、郡の太守または諸侯王の丞相に任命された。ここで注目したいのは、彼らはこの時点で初めて劉邦と接見し、会話をしたばかりだったということである。漢帝国のために敵と戦った「功」もなければ、長年劉邦に従った「労」もなかった。任用の理由はただ「能」があったからである。このことから、地方官僚の任用も中央政府の三公九卿と同じように能力本位で行われたことが分かる。ちなみに、彼らの任用についてもう一つ無視できない要因に「忠」があったと考えられる。趙王の側近として、拷問を受けても主人を裏切らないその姿勢が高く評価されたと思われる。このような高い能力と強い忠誠心を持つ人物こそ、中央から離れた地方官僚に求められる重要な資質だからである。

おわりに

本章では、劉邦期における中央政府の三公九卿や地方の郡の太守となった者の出身・経歴・任官時期と封侯時期などを検討することによって、以下のような事実を明らかにした。

まず第一に、劉邦期の三公九卿や郡の太守の多くはまず任官され、功績を積み重ねたのち、最後に侯に封ぜられた。劉邦の「無功不得侯」という有名な言葉で表されるように、軍功は封侯と密接に関連していたが、それが必ずしも任官にはつながらなかった。この三者の間に最も多く見られる関係は「功→爵（侯）→官」ではなく、「官→功→爵（侯）」であったことが分かる。いわゆる軍功に基づいて官職を配分するという原則は劉邦期において存在しなかった。

第二に、三公九卿に秦吏出身者が比較的多かったことや郡の太守が能力本位で任用されたことから、劉邦期における官僚の任用は軍功よりもそれぞれの官職にみあう専門知識や能力に基づいて行われたと言える。この時期における任官・軍功、そして封侯の関係を表す図式は「能→官→功→爵（侯）」がより適切であると考えられる。劉邦が最終的に天下を取り、帝国を維持することができた一つの大きな理由は、「知人善任」という彼の人材任用策にある。天下を取るためには有能な武将を重用したが、天下を治めるためには制度や法律、儀礼などに精通した者を積極的に登用した。つまり、能力に基づく人材登用はこの時期における統治政策の一つの重要な柱であった。

第三に、漢帝国の樹立後、劉邦は大きな軍功を持つ武将たちの勢力を意図的に抑制しようとした。同じく平民の身分から身を起こし、一緒に戦ってきた劉邦集団内部の対等な仲間関係は、漢帝国が樹立されてからは一転して天子と臣下という主従関係に変わってしまった。劉邦にとっては、このような転換は帝国の統治上欠かせないものであるが、武将たちにとってそれは必ずしも素直に受け入れられるものではなかった。このことは劉邦にとって脅威に感じることであり、軍功の高い武将を抑え、文臣を重用する政策を取るようになった理由であると思われる。このような政策は劉邦死後、呂太后期にも受け継がれ、呂太后期の統治政策や統治形態に大きな影響を与えたことは言うまでもない。

注

（1）廖伯源「試論西漢時期列侯与政治之関係」（『徐復観先生記念論文集』台北、学生書局、一九八六年）。
（2）李開元『漢帝国の成立と劉邦集団——軍功受益階層の研究——』（汲古書院、二〇〇〇年）。
（3）注2、一九九ページ。
（4）官僚の任用について、前掲李氏の著書の中で、繰り返し軍功順位の重要性を強調するものの、丞相になった者が軍功受益階層の最上層列侯であるとして、丞相に限定して分析をしている。そのため、李氏の結論は丞相に関するもののみであり、官僚全体に適用する場合、さらなる検討が必要である。

（5）漢帝国樹立後、功臣たちはしのぎを削って自分の功績を人々に認めさせようとした。そのような状況の中で、最初に封侯された二十九人はとりわけ軍功の高い人々である。しかし、彼等の多くは官僚機構の中で重要なポストに任用されなかったために、その知名度はかならずしも高くなかった。このことは決してその時点において彼らが重要人物ではないことを意味しない。

（6）秦二世三年、楚懐王の時、令尹は呂青であった。この呂青は呂清と同じ人物ではないかと考えられる。

（7）本章第三節の「一　蕭何の封侯をめぐって」を参照。

（8）表4の三公九卿表にあるように、周昌は漢元年から三年まで中尉であり、その後長く御史大夫を務めたので、いつ内史になったのかははっきりしない。仮になっていたとしても、ごく短期間であったと思われる。

（9）薛欧・王吸に関して、具体的な記事は『漢書』高帝紀第一漢王二年（紀元前二〇六年）条にある。

漢王遣将軍薛欧・王吸出武関、因王陵兵、従南陽迎太公・呂后於沛。

（10）もちろん、戦功のない者は文臣以外にも様々な人がいた。項纏ら三人はもともと項羽の配下におり、後に劉邦に降服した。温疥・欒説・賁赫はそれぞれ燕王臧荼・淮陰侯韓信・淮南王黥布の謀反を告発したために侯となった。このほか、鄂千秋のように蕭何の功労を論じたことで侯になった者など様々なタイプがある。しかし、これらは例外であったため、便宜的には戦功のない者を文臣とする。

（11）呂太后期に、呂太后が陳平に命じて、軍功に基づき百四十三侯の順位づけを行った。それによると、丙猜の軍功順位は第四十一位である。

（12）『史記』巻九十三韓信盧綰列伝参照。

（13）軍功の高さをどのように判断すべきかが難しいことであるが、李開元氏は概ね侯の順位に基づいて判断した。これは妥当な判断だと思われるが、次のことに注意する必要がある。すなわち、侯の順位付けは呂太后二年に行われたものであり、この順位で呂太后期の官僚任用を考察するには適当であるかもしれないが、そのまま劉邦期に当てはめるのは問題がある。『史記』巻十八高祖功臣侯者年表索隠に、

蕭何第一、曹参第二……蟲達十八。『史記』与『漢表』同。而『楚漢春秋』則不同者、陸賈記事在高祖恵帝時。『漢書』是後定功臣等列、及陳平受呂后命而定、或已改邑号、故人名亦別。且高祖初定唯十八侯、呂后令陳平終竟以下列侯第録、凡一百四十三人也。

とある。これによると、今日まで伝わる劉邦期の前十八位の侯の順位についても、我々が『史記』『漢書』に見る順位と異なる

ことが分かる。このため、本書では、劉邦期の軍功の大きさについて概ね封侯の順位と封侯の戸数で判断することにする。

(14)『史記』礼書にも類似の記述がある。

(15)司修武は『黄老学説与漢初政治平議』(台湾、学生書局、一九九二年)の中で、前漢初期に流行していた黄老思想の中に「尊君抑臣」の思想があると主張している。

(16)この点について、好並隆司「前漢の君主権をめぐる内・外朝」(『史学論叢』第二九号、一九九九年)は「漢初の動乱に際して、将軍らが活躍したが、政治的統治については文官が秦以来の伝統をうけて権力を把握していた。」と指摘し、同様の見解を示している。

(17)『史記』巻百季布欒布列伝参照。

第四章　呂太后の権力基盤の衰退と官僚任用政策の変化

はじめに

　前章では、劉邦期の中央における三公九卿と地方における郡の太守の任用状況を検証することにより、いわゆる軍功や侯の順位に基づき官僚を任用するというルールは存在せず、能力本位による官僚の任用が行われていたことを明らかにした。こうした政策が取られたもっとも大きな理由は、劉邦自身が人材を見抜き、適材適所に配置することのできる「知人善任」の能力と、礼儀作法や法律・制度、すなわち「詩書」に基づく統治を行うべきという考え方を受け入れたことにある。その当然の結果として、劉邦期においては、軍功の高い武将たちより専門的能力の優れた文臣が多く任用されたのである。

　呂太后期においては基本的には劉邦期の政策が受け継がれたとされているが、官僚の任用についてはどのように受け継がれたのか、従来の研究では必ずしも明らかにされていない。漢帝国の建国者であり自らの力によって地位を確立した劉邦に比べ、そうした背景のない呂太后が直面した政治状況は全く異なったものであった。劉邦と一緒に戦った功臣たちは、その妻である呂太后や息子の恵帝、さらに幼い孫の少帝に対しては必ずしも従順ではなかった。呂太后自身は早くから漢帝国の政治に関わり少なからず功績を残したものの、後ろ盾であった長兄周呂侯呂沢は早くに亡くなり、そのため劉邦により息子の恵帝は危うく皇太子を替えられそうになった。結局、恵帝は無事皇帝位を継いだが、強力な功臣たちに対抗するのは難しく、またその性格や能力から帝国を支配できる器であったとは言い難かった。そのような恵帝でさえ二十三歳の若さで亡くなったため、さらに幼い孫である少帝恭を立てざるをえなかった。このように、劉邦の死自体が漢帝国の統治にとって大きな打撃であったうえに、呂太后期になって以降、彼女自身の権力基盤が徐々に弱まってきたと言える。このような事実は、呂太后期の統治策や権力配分を理解する上で極めて重要な意味を持っている。

それでは、呂太后は劉邦や恵帝の死後、どのようにして漢帝国を統治したのだろうか。またそのためにどのような人事を行い、中央の政治権力をどのように配分していただろうか。本章では、この問題について分析し、呂太后期の権力配分が彼女の直面する政治情勢の変化と共にどのように変化してきたのかを動態的に解明したい。

第一節　「怏怏」派の存在と曹参の任用

一　「怏怏」派の存在

漢十二年（紀元前一九五年）、劉邦は戦塵に身をさらしたその生涯を閉じた。このことは呂太后にとって新しい時代に入ったことを意味する。第三章で明らかにしたように、漢帝国の樹立以降、武将たちは政治権力を十分に与えられなかった。このため、劉邦が亡くなるまでの間に、武将たちの不満が高まっていたことは容易に推測できる。『史記』巻八高祖本紀に

四月甲辰、高祖崩長楽宮。四日不発喪。呂后与審食其謀曰、「諸将与帝為編戸民、今北面為臣、此常怏怏、今

乃事少主、非尽族是、天下不安。」

とある。「編戸の民」とは平民のことであり、「諸将」が劉邦と同じく編戸の民であったという言い方から、豊沛出身の武将たちのことを指すと思われる。彼らはもともと劉邦の仲間であり、日常的に劉邦に対して対等に振る舞っていた。彼らは劉邦に従って挙兵し、命を危険にさらしながら転戦し、漢帝国の樹立に大きな功績を残した。漢帝国の樹立後、彼らの多くは封侯され、それなりの地位や利益を分け与えられたが、国家権力から除外されてしまい、また劉邦との関係も天子と臣下という支配と服従の上下関係に変わってしまった。武将たちにとっては、このような現実は素直に受け入れられるものではなかったため、彼らは常に「怏怏」（不満を抱えている様子）としていただろう。

彼らは劉邦が生きている時でさえ、常に「怏怏」としていたので、若い恵帝と一婦人の呂太后に対して従順に仕えようという気持ちがさらに弱かったであろうことは容易に想像できる。このことは呂太后にとって大きな脅威であることは言うまでもない。呂太后もこれを察し、この厳しい情勢を乗り越えるために、究極の解決策として諸将を「族殺」することも考えたが、酈商にその危険性を指摘され中止せざるを得なかった(1)。結果、不満がくすぶっていた武将たちはそのまま残されることとなり、その存在は呂太后期の官僚任用政策に大きな影響を与えたと思われる。

以下、呂太后期における中央政府の三公九卿の任用を通じて、この時期の権力配分について検討したい。

二　劉邦の遺言について

呂太后期の権力配分について議論する際、劉邦の遺言に触れなければならない。『史記』巻八高祖本紀に劉邦が亡くなる前に、呂太后との間に次のような会話があったことが記されている。

已而呂后問、「陛下百歳後、蕭相国即死、令誰代之。」上曰、「曹参可。」問其次、上曰、「王陵可。然陵少戇、陳平可以助之。陳平智有余、然難以独任。周勃重厚少文、然安劉氏者必勃也、可令為太尉。」呂后復問其次、上曰、「此後亦非而所知也。」

この逸話により、呂太后期の三公の任用はほぼ劉邦の意向に従って行われたとされてきた。しかし、この史料を詳細に検討すると、様々な疑問が生じる。まず第一に呂太后が相国蕭何の死を前提として劉邦に尋ねた相国人事は、表7に示されるその後の人事をあまりにも正確に言い当てている。すなわち、劉邦は自分の臣下の死亡する順番まで正確に予見しているのである。第二に、「然安劉氏者必勃也」という劉邦の言葉は明らかに十五年後に起こる「諸呂の乱」のことを暗示しており、「此後亦非而所知也」とは呂太后がその時すでに亡くなっているであろうことをほのめかしている。すなわち、劉邦は十五年後に起きる大事件やその時の周勃の役割、さらには呂太后の死まで正確に予知しているのである。このようなことは普通ありえないものと思われる。第三に、蕭何が亡くなる前に、恵帝は彼に対し後任人事について聞いている。

『史記』巻五十三蕭相国世家に

何素不與曹参相能、及何病、孝恵自臨視相国病、因問曰、「君即百歳後、誰可代君者。」対曰、「知臣莫如主。」孝恵曰、「曹参何如。」何頓首曰、「帝得之矣。臣死不恨矣。」

とある。劉邦はすでに蕭何の後任として曹参を指名しているので、恵帝が蕭何に再度相国の後任人事を聞くのは不可解である。以上のことから、いわゆる劉邦の遺言が存在したのかどうか、存在したとしても上述のような内容で

表7　呂太后期の三公の任用表

恵帝期（紀元前194年～紀元前188年）							
	一年	二年	三年	四年	五年	六年	七年
丞相／相国	蕭何	蕭何 曹参	曹参	曹参	曹参	王陵 陳平	王陵 陳平
太尉	×	×	×	×	×	周勃	×
御史大夫	趙尭	趙尭	趙尭	趙尭	趙尭	趙尭	趙尭

少帝期（紀元前187年～紀元前180年）								
	一年	二年	三年	四年	五年	六年	七年	八年
丞相／相国	陳平 審食其	陳平 審食其	陳平 審食其	陳平 審食其	陳平 審食其	陳平 審食其	陳平	呂産 陳平 審食其
太尉	×	×	×	周勃	周勃	周勃	周勃	周勃
御史大夫	任敖	任敖	任敖	曹窋	曹窋	曹窋	曹窋	曹窋

注：×はその時点で欠員であったことを示している。

あったのか些か疑問に感じざるを得ない。仮に劉邦の遺言があり、結果として呂太后が同じような人事を行ったとしても、それは決して呂太后自身の意志を無視して行われたとすることはできない。呂太后は漢帝国樹立過程における活動や国政への関与から分かるように、彼女は卓越した見識・決断力と実行力を持っていた。特に、呂太后が劉邦の死後四日間、外部にそのことを知らせず、功臣たちを殺そうと企んだことから考えると、彼女は単に劉邦の遺言通りに行動するような人間ではなく、自らの置かれている政治状況の中で、独自の情勢判断の下で行動する人物であったと言えよう。従って、呂太后しか聞いていない劉邦の遺言には、彼女自身の意志が込められていたと考えても不自然ではない。事実、蕭何が亡くなった時、曹参が遠く離れた斉にいたにもかかわらず二十二日後に相国に就任しているが[2]、曹参が亡くなったとき、王陵と陳平は都長安に住んでいたのに、丞相に就任したのは二ヵ月後である[3]。これは、この時の人事は呂太后が熟慮の末に行われたためだと考えられる。もし劉邦の遺言が実際にあり、しかも呂太后はそれを忠実に実行しただけならばこれほどの時間をかける必要はなかっただろう。また、呂氏一族への封侯を巡り、王陵は呂太后に逆らったために、名義上太子太傅に昇任したものの実権を奪われてしまった（『史記』巻九呂太后本紀）。このようなことから見れば、たとえ劉邦の遺言があったとしても、呂太后は大きな裁量権を持っていたことが明らかである。

それでは、呂太后は中央の権力をどのように配分したのだろうか。これについて、漢帝国の高級官僚である三公九卿の任用状況を検討することによって明らかにしたい。

三　曹参の起用

恵帝二年、蕭何の死後、曹参が後任として相国に任命された。この任命についてこれまでの研究では、曹参の輝かしい軍功だけに目が向けられ、彼の持つもう一つの側面、すなわち曹参はもともと秦の官吏であり、しかも蕭何と肩を並べるほどの有能な官吏であったことが見落とされている[4]。曹参は武将として有名であったが、他の武将とは違い、国家の運営について詳しいという一面も持っていた。彼が斉国の相国になってから九年の間に「斉国安集、大に賢相と称す」（『史記』巻五十四曹相国世家）という治績を残している。この治績はまさに曹参の行政能力を示すものであり、このことからも曹参は単に軍功が高いために相国に任命されたわけではないことが分かる。これについて、『漢書』巻二十三刑法志第三に

漢興、高祖……任蕭・曹之文、用良・平之謀、騁陸・酈之弁、明叔孫通之儀、文武相配、大略挙焉。

とある。ここでは、明らかに曹参の任用はその文官としての側面を重視していることを強調している。過去の経歴や軍功、そして現在の治績は曹参が蕭何の死後の相国の後継者として最有力であることを示している。

しかし、だからと言って、恵帝と呂太后に選ばれる保証はない(5)。そこにはもっと現実的で差し迫った理由があったのではないかと考えられる。ここでは、先述した呂太后をとりまく政治情勢を想起されたい。つまり、劉邦の時期より武将たちは常に「怏怏」としていたということである（以下、こうした武将たちのことを「怏怏派」と呼ぶ）。そして、曹参はこの怏怏派の中心人物であると言っても過言ではない。彼は漢帝国のために大きな軍功を立て、他の功臣たちからも第一位の軍功を持つと認められたのにもかかわらず、劉邦により、第二位とされた（『史記』巻五十三蕭相国世家）。それだけではなく、封侯の問題により蕭何との関係も悪化したため(6)、斉国の相国に「左遷」された(7)。これらのことにより曹参の心中は必ずしも穏やかでなかったことは容易に想像できる。一方、呂太后は不満を抱える武将を全部族殺できない以上、何らかの方法で武将たちの不平不満をなだめる必要がある。後述するように、呂太后期には基本的に劉邦時期の任用方針を踏襲し、中央政府の三公九卿に武将をあまり登用しなかった。このことから、武将たちの不満が相変わらず強かったことは推測できる。そこで、空席となった相国位に最も大きな戦功を挙げた曹参を置くことにより、このような不満を少しでも和らげようとしたのではないだろうか。

曹参を起用することの重要性はこれだけに止まらず、もう一つ現実的な問題がある。それは劉邦の生前、異姓諸侯王を逐次殲滅し、劉氏一族だけを諸侯王にしたことである。これらの劉氏諸侯王は劉邦が健在の間は漢帝国を支える大変重要な勢力であるが、劉邦の死により、これらの勢力は恵帝の帝位にとって潜在的に危険な敵対勢力へと転化してしまう可能性がある。つまり、劉氏の天下が続く限り、劉邦の息子であれば多かれ少なかれ皇帝になる可能性が出てくるからである(8)。このような恵帝の帝位に対する潜在的な挑戦者の中で、斉王劉肥は言うまでもなく最大の脅威であった。『史記』巻八高祖本紀に

田肯……因説高祖曰、……夫斉、東有琅邪、即墨之饒、南有泰山之固、西有濁河之限、北有渤海之利。地方二

千里、持戟百万、縣隔千里之外、斉得十二焉。故此東西秦也。非親子弟、莫可使王斉矣。

とある。斉はこのような広大な面積と地理的に有利な条件を持ち、しかも、劉邦の息子の中では斉王劉肥は最も年長であったので、他の未成年の諸侯王とは比べ物にならないほど大きな力を持っている。このような斉王を補佐したのが中央に対して不満を持つ曹参であることは、劉邦の存命中には大きな問題ではなかったかもしれないが、劉邦の死後、このような組合せは恵帝と呂太后にとって最も危険なものと映ったであろう(9)。このようなことを考えると、蕭何の死後、恵帝と呂太后が曹参を中央に呼び戻して相国としたことは、軍功に基づいたものではなく、中央における「怏怏」派と、潜在的なライバルである斉王を抑え込むという一石二鳥の策であったと言えよう。

四　曹参の強権

曹参は相国になって以降、無為の治を旨とし公務をとらず毎日酒を飲んでばかりいた。このため、次のようなエピソードが伝えられる。『史記』巻五十四曹相国世家に

恵帝怪相国不治事、以為「豈少朕与。」乃謂窋曰、「若帰、試従容問而父曰、『高帝新棄群臣、帝富於春秋、君為相、日飲、無所請事、何以憂天下乎。然無言吾告若也』」。

とある。恵帝は、自分が若いため曹参に軽んじられているのではないかという疑念を持たざるを得なかった。しかも、このことを直接相国に聞くことができず、曹参の息子曹窋に聞かせたうえに、わざわざ自分が聞いたとは言わないようにと付け加えた。このようなことから、恵帝は曹参に対して畏敬の念を持っていることが窺える。

このことを曹窋が曹参に聞いたところ、曹参は激怒し、曹窋を二百回ほど鞭打した。そして、

趣入事、天下事非若所当言也。（『史記』巻五十四曹相国世家）

となじった。これについて、恵帝が曹参を責めると、彼は「陛下自察孰与高帝。」「陛下観臣能孰与蕭何賢。」と聞きかえした。恵帝はすべて及ばないと答えた。曹参はさらに

陛下言之是也。且高帝与蕭何定天下、法令既明、令陛下垂拱、参等守職、遵而勿失、不亦可乎。（『史記』巻五十四曹相国世家）

と述べている。このような会話から見られる恵帝と曹参の関係は、皇帝対大臣の関係というより、若者対年長者の関係であると言える。

　このエピソードから、相国の曹参は若年の恵帝に対して何ら恐れを持っていなかったことが分かる。確かに、漢帝国の樹立に多大な功績を残した曹参から見れば、息子と同じくらいの年齢である恵帝はまだ何も知らない若輩者に過ぎなかっただろう。つまり曹参が恵帝を絶対的な君主であるとせず、ただ特別な身分を持つ一人の若者でしかないとしたのは何ら不思議なことではない。このことから見ても、相国曹参、そして功臣たちの力はかなり大きかったことが分かる。

　ただし、皇帝の権力を守らなければならない呂太后から見れば、相国のこのような強い権力は決して望ましいものではない。このことは、その後の相国権限の分割につながったのではないかと考えられる。

第二節　丞相権の分割と太尉の復活

恵帝六年（紀元前一八九年）、相国曹参が亡くなると、中央政府においては大きな官制改革が行われた。つまり相国を置かず、また丞相を左右丞相に分け、二人とした。[10] 同時に、太尉の官職が改めて設置され、[11] 表7に示されるように、三公が二人から四人に変わった。

この官制改革の背景には二つのことが考えられる。一つは、相国の権力を弱めること。相国は中央政府の中で最高のポストであることは言うまでもないが、前節で議論した曹参の例から分かるように、若年の皇帝の前では巨大な権力を持つ相国の存在は皇帝側にとって極めて都合の悪いものである。皇帝支配を強化するために、相国の権力を弱めることはどうしても必要なことではなかったかと思われる。

もう一つ重要なことは、呂太后自身の権力基盤がこの時期に一層弱まったことである。恵帝三年（紀元前一九二年）と恵帝六年（紀元前一八九年）に、呂太后を強力に支えてきた次兄呂釈之と妹の夫樊噲が相次いで亡くなった。第一章で述べたように、呂釈之は楚漢戦争期には沛で呂太后と共に家族を守り、呂太后の長兄呂沢の死後、劉邦が皇太子を替えようとしたのを阻止した。すなわち、呂釈之は長兄呂沢の死後呂太后を支え続けたのである。このことから、呂釈之の死は間違いなく呂太后の権力基盤を弱めた。また大将軍として軍権を掌握していた樊噲は劉邦と同じ沛出身の仲間であり、漢帝国樹立のために多大な功績を残し、また「怏怏」派の多い豊沛出身の武将たちの中でも大きな影響力を持つ人物であった。[12] 彼の死もまた呂太后にとって大きな打撃であったことは言うまでもない。[13] このように、呂太后は自らの権力基盤が弱まったことに対応し、曹参が亡くなったことをきっかけとして三公の権力の弱体化を図ったと考えられる。つまり相国を置かず、丞相を左右丞相に分かちその権限を二人に分け、王陵を右丞相、陳平を左丞相とした。そして太尉の職を復活し、周勃をそれに当てた。

それでは、呂太后はどのような考えに基づいて、左右丞相と太尉の人選を行ったのだろうか。以下では新たに任命された王陵、陳平と周勃の経歴及び三者の関係を検証し、この問題を明らかにしたい。

一　王陵について

これまで、王陵は劉邦集団の中心メンバーで、また最も劉邦に忠実な人物の一人と見なされてきた。その理由として主に以下のようなことが挙げられている。①彼は沛の出身であり、劉邦と密接なつながりを持っていた。②軍功は必ずしも高くないにもかかわらず封侯された。③劉邦の遺言において丞相に指名され、しかも実際に丞相になった。④呂太后が呂氏一族を王に封じようとした時、王陵だけが強く反対した。最後の点について、これは王陵が劉氏の天下を守るためにとった行動だと理解されてきた。以上の四点から見れば、確かに王陵は劉邦と親密な関係にあったという印象を受ける。しかし、史料を詳細に検討すると、このような見方と異なる結論が得られる。

王陵は沛の出身であるものの、劉邦集団に加わり、侯に封ぜられたのは他のメンバーとは違う特殊な背景を持っていたからである。『史記』巻五十六陳丞相世家には王陵の経歴について以下のように記されている。

始為県豪、高祖微時、兄事陵。陵少文、任気、好直言。及高祖起沛、入至咸陽、陵亦自聚党数千人、居南陽、不肯従沛公。及漢王之還攻項籍、陵乃以兵属漢。項羽取陵母置軍中、陵使至、則東郷坐陵母、欲以招陵。陵母既私送使者、泣曰、「為老妾語陵、謹事漢王。漢王、長者也、無以老妾故、持二心、妾以死送使者。」遂伏剣而死。項王怒、亨陵母。陵卒従高祖定天下。以善雍歯。雍歯、高帝之仇、而陵本無意従高帝、以故晩封、為安国侯。

この史料から分かるように、王陵はもともと沛県の豪傑であった。劉邦が微賎だった頃には、王陵に兄事していた。「兄事」とは、兄貴分として王陵が劉邦の上に立っていたことを示している。そのため、王陵は劉邦が沛公になり、咸陽に入った後も劉邦に従うのを潔しとしなかった。結局、母親の死を賭した願いにより、やむをえず劉邦に従うこととなったが、本音としては、やはり「本無意従高帝」であった[14]。王陵は沛から劉邦について挙兵したわけではなく、劉邦に従い命の危険を顧みず戦ったわけでもなかった。当然のことながら、漢帝国の樹立に対して、戦功もさほどなかった。また、王陵は劉邦の仇である雍歯と長年親交を結んでいた。雍歯も沛の豪傑であり、劉邦が庶民であった時、何度も雍歯に侮辱されたため、彼を殺したいと思っていた。特に、秦二世二年（紀元前二〇七年）十月、劉邦が雍歯に命じて豊を守らせた時、もともと劉邦に属するのを好まなかった雍歯は、劉邦にそむいて魏のために豊邑を守った。このため、劉邦は雍歯と豊邑の子弟を長年憎んでいた[15]。王陵はこうした経緯を知りながら、相変わらず雍歯と親交を深めていたことは、彼が劉邦のことを特別視していなかったことを示す。こうした経緯から見ると、王陵を劉邦集団の中核メンバーと見なすのは難しく、劉邦が遺言においてなぜ彼を丞相に指名したかもやや理解しにくい。しかし、彼と呂太后とのかかわりを見れば、この謎を解くことができる。『史記』巻十八高祖功臣侯者年表に

……入漢守豊。上東、因従戦不利、奉孝恵、魯元出睢水中、及堅守豊、……

と記されている。この史料から分かることは二つある。一つは、王陵が豊を守ったことがあること。呂太后は豊にいたため、恐らくその間に接触が多かったと考えられる。もう一つ非常に重要なことは、王陵が呂太后の子供である恵帝と魯元公主を助けたことである。このことにより、呂太后は王陵に対して大変強い感謝の気持ちを持っていたのではないかと推測される。呂太后が王陵を丞相に任命した背景にはこのような個人的なつながりがあったと考

えられよう。
しかし、劉邦に対して頭を下げようとしなかった王陵は呂太后に対しても相変わらず自己主張を続けた。『史記』巻九呂太后本紀に

太后称制、議欲立諸呂為王、問右丞相王陵。王陵曰、「高帝刑白馬而盟曰『非劉氏而王、天下共撃之』。今王呂氏、非約也。」太后不悦。

また、『史記』巻五十六陳丞相世家に

呂太后怒、乃詳遷陵為帝太傅、実不用陵。陵怒、謝疾免、杜門竟不朝請、七年而卒。

とある。王陵は面と向かって呂太后に盾突き、呂太后から太傅に祭り上げられると、怒って病気と称して朝請さえしなくなった。このことから分かるように、王陵は劉邦だけではなく、呂太后に対しても同じように従順ではなかった。またこのような王陵に対して、劉邦と呂太后は為すすべもなく、そのまま容認せざるをえなかった。これまで、王陵が呂太后に従わなかったのは劉氏を守るためだと解されてきたが、王陵の任侠的な性格や劉邦との関係から見れば、それは劉氏を守るためというより、任侠として約束は守らなければならないという信念からきたものと考えるべきであろう。

以上のようなことを考えあわせると、王陵は典型的な「怏怏」派の一人であったと言える。彼には政治的な野心はないが、人望が厚く大きな影響力を持っていた。前掲史料から分かるように、劉邦が咸陽に入ったとき、王陵はすでに数千人の軍隊を持っており、項羽でさえ強引に彼を自分の勢力に取り込もうとしたほどだった。また、彼はもともと沛の「豪」であり、沛出身の武将たちの間に大きな影響力を持っていたと思われる。呂太后が曹参の後任

として自分とつながりのある王陵を起用したのは、彼自身を含む沛出身の「怏怏」派に対する配慮からきたものであろう。

二　陳平について

左丞相陳平の任用は、明らかに丞相の権限を弱めるために行われた。陳平は王陵と全く違うタイプであり、主義主張に捕らわれることなく、周りの状況の変化に機敏に順応し、難しい状況の中でも優れた知恵とアイディアによって目的を達成することができる人物である。楚から漢に逃亡したその日に劉邦から厚い信頼を得、それ以降、劉邦の腹心として一緒に行動し続け、漢帝国樹立に多大な貢献をした。そのため、建国後すぐ、九番目に五千戸の侯に封じられた。

劉邦が亡くなった時、陳平はちょうど代から長安に帰る途中であり、そのまま滎陽に留まる旨の詔を受けたにもかかわらず、わざわざ呂太后の下に駆けつけ、厚い信頼を得て郎中令に任命された。そして恵帝六年、王陵が右丞相に任命されたのと同時に左丞相に登用された。劉邦だけではなく、呂太后からも信頼されていたことから、陳平は呂太后の側近として任命されたのではないかと考えられる。[16] 一方、陳平も呂太后の期待を裏切らなかった。例えば、恵帝が亡くなった時、呂太后は泣いても涙が出なかった。それについて、張良の息子張辟彊が丞相にその理由を建言している。

辟彊曰、「帝毋壮子、太后畏君等。君請拝呂台・呂産・呂禄為将、将軍居南北軍、及諸呂皆入宮、居中用事、如此則太后心安、君等幸得脱禍矣。」丞相乃如辟彊計。太后説、其哭迺哀。呂氏権由此起。（『史記』巻九呂太后本紀）

この時、王陵が右丞相、陳平が左丞相であったが、王陵の性格は上述のようであったため、この建言を受け入れたのは陳平しかいなかったと思われる。また、『史記』巻九呂太后本紀七年（紀元前一八一年）に

（二月）太傅産、丞相平等言、武信侯呂禄上侯、位次第一、請立為趙王。

とある。すなわち、呂氏一族の封王に対しても、陳平はかなり積極的な役割を果たしている。

以上のように、呂氏一族の立場を強くするような諸呂の入宮及び封王において、陳平は積極的に貢献していたことが分かる。陳平のこのような態度や呂太后からの信頼度を見れば、陳平を二人目の丞相に任命したのは納得できる。

三　周勃について

王陵と陳平が左右丞相に任命されたのと同時に、周勃も太尉に任命された。劉邦の生前、太尉の職は一時期を除けばほぼ空白のままであった。劉邦が亡くなってからは、樊噲が大将軍となり軍権を掌握していたと考えられる。しかし、恵帝六年に樊噲が亡くなったので、太尉が再び設置されたのではないかと思われる[17]。周知のように、周勃は確固たる名声を有する武将であり、封侯された順位が十七番であったことから、その功労が劉邦にも認められていたことが分かる。建国後、周勃は劉邦に従い、あるいは単独で軍隊を率い韓王信・陳豨・盧綰らと戦って功績を挙げたが、中央政府で任官されることはなかった。これらのことから考えれば、周勃も「怏怏」派の一人であった可能性が高い。他の官職とは違い、太尉は軍職であるので、武将を任用するのはいわば当然であり、呂太后はこうしたことを考慮に入れて周勃を太尉に任命したのではないかと思われる。

四　王陵、陳平、周勃の関係

この三人を三公に任命した背景には、もう一つ重要な意味があったと考えられる。それは陳平・周勃・王陵三者の関係が必ずしも良好ではなかったということである。まず、陳平と周勃の関係については『史記』巻五十六陳丞相世家に

絳侯、灌嬰等咸讒平曰、「平雖美丈夫、如冠玉耳、其中未必有也。臣聞平居家時、盗其嫂。事魏不容、亡帰楚。帰楚不中、又亡帰漢。今日大王尊官之、令護軍。臣聞平受諸将金、……平反復乱臣也、願王察之。」

とある。この史料から、沛出身の周勃ら武将たちは、陳平のように頻繁に寝返る人物に対してかなり強い軽蔑や警戒の念を持っていたことが分かる。これは陳平が漢王に帰属したばかりの頃のことだったが、この関係はその後もずっと続いていたものと思われる。『史記』巻九十七酈生陸賈列伝には以下のように記されている。

呂太后時……右丞相陳平患之。……陸生曰「天下安、注意相。天下危、注意将。将相和調、則士務附。天下雖有変、即権不分。為社稷計、在両君掌握耳。臣常欲謂太尉絳侯、絳侯与我戯、易吾言。君何不交歓太尉、深相結。」為陳平画呂氏数事。乃以五百金為絳侯寿、厚具楽飲。太尉亦報如之。此両人深相結、則呂氏謀益衰。

このように、陳平と周勃は「諸呂の乱」直前まで不仲であったことが分かる。権謀に長けた陳平は陸賈の建言を受け入れ周勃を厚くもてなし、それをきっかけに両者の関係はようやく改善されたのである。

一方、王陵と周勃、陳平の関係についても、次のような話が伝えられている。呂氏封王の問題について、前掲史料からも分かるように王陵は明確に反対したのに対して、陳平と周勃はそれを容認したために対立したのである。『史記』巻九呂太后本紀には

太后称制、議欲立諸呂為王、問右丞相王陵。王陵曰、「高帝刑白馬而盟曰『非劉氏而王、天下共撃之』。今王呂氏、非約也。」太后不悦。問左丞相陳平、絳侯周勃。勃等対曰「高帝定天下、王子弟。今太后称制、王昆弟諸呂、無所不可」太后喜、罷朝。王陵譲陳平、絳侯曰、「始与高帝啑血盟、諸君不在邪。今高帝崩、太后女主、欲王呂氏、諸君従欲阿意背約、何面目見高帝地下。」陳平、絳侯曰、「於今面折廷争、臣不如君。夫全社稷、定劉氏之後、君亦不如臣。」王陵無以応之。

とある。この史料から三人の考え方や価値観が大きく異なっていたことが読み取れる。気性が強く心がまっすぐな王陵から見て、陳平と周勃の行動には一貫性がなく、権力に迎合していると思われたのではないか。

このように、呂太后は曹参が亡くなってから、丞相権を二分し、太尉の職を復活した。新しく任命した三人の間にはそれぞれの性格や価値観の違いからくる微妙な関係があり、呂太后はそれをよく計算した上でこの人事を行ったのではないかと思われる。つまり三人を任用することで権力の分散を図り、同時に三人の関係を利用して、お互いを牽制させながら、政局のバランスを保ったのだろう。

第三節　呂太后の不安と側近の任用

一　恵帝の死

恵帝七年（紀元前一八八年）、恵帝劉盈が二十三歳の若さで亡くなった。このことは呂太后にとって大きな打撃となったことは言うまでもない。劉邦の死は漢帝国の統治にとって大黒柱を失ったことを意味したが、若い恵帝の即位によって、少なくとも形の上では漢帝国の支配を保つことができた。しかし、恵帝の死によって、このような形さえ崩れてしまった。恵帝の存命中でさえ、非常に不安定だった漢帝国をどのように維持していくのかは、おのずと重い課題として呂太后の肩にのしかかってきた。そのため、呂太后は極度の不安と恐怖に陥ったと思われる。『史記』巻九呂太后本紀に

（恵帝）七年秋八月戊寅、孝恵帝崩。発喪、太后哭、泣不下。

とある。頼りにしていた若き息子の死を前にして、母親の呂太后は泣いたが、涙が出なかった。呂太后は丞相ら功臣たちのことを大変恐れていたからこそ、泣いても涙が出なかったのであろう。このような恵帝の死による不安が呂太后の人事政策に大きく影響したと思われる。

二　審食其の任用

恵帝の死により、その息子で呂太后の孫に当たる少帝恭が即位した。少帝恭はまだ幼いため、呂太后が臨朝称制の形で漢帝国の最高権力を握ることになった。呂太后は自らの権力基盤を強化するために呂氏一族を封王しようとしたが、右丞相の王陵から強く反発された。そのため、王陵を丞相のポストから外し、陳平を右丞相に移して、審食其を左丞相に任命した。

審食其については、これまで彼が呂太后の腹心であったことだけが注目されてきたが、それ以前に彼は劉邦の主要な腹心であったことを見逃すことができない。そのため、彼の任用は呂太后政権を維持する上で非常に重要な意味を持っていたものと思われる。彼が劉邦の腹心であったとする根拠は二つある。一つは、劉邦が挙兵してから、自分の家族を審食其に託したことである。審食其に対する絶対的な信頼がない限り、このような依頼はしなかったはずである。もう一つは、盧綰が反乱を起こしたとする情報が入ったとき、劉邦はその真偽を確かめるため、審食

其を派遣したことである。『史記』巻九十三韓信盧綰列伝に

漢十二年（紀元前一九五年）……高祖使使召盧綰、綰称病。上又使辟陽侯審食其・御史大夫趙尭往迎燕王、因験問左右。

とある。盧綰が反乱を起こした陳豨と通じているとの知らせがあったため、劉邦は趙尭と審食其を遣わして真相を探らせた。御史大夫は諸侯王の管理に深く関わる官職[18]であったので、御史大夫趙尭が派遣されたのは分かるが、なぜ当時何の官職にも就いていなかった審食其が遣わされたのだろうか。周知のように、劉邦と盧綰は同じ日に生まれた幼馴染みの親友であり、実の兄弟以上に仲が良かった。このため、建国後、盧綰は太尉に任命され、その後燕王に封じられた。劉邦集団のなかで地方の王となったのは盧綰一人だけである。二人の親しい関係について、『史記』巻九十三韓信盧綰列伝に次のように記されている。

及高祖起沛、盧綰以客従。入漢中為将軍、常侍中。従東撃項籍、以太尉常従、出入臥内、衣被飲食賞賜、群臣莫敢望、雖蕭曹等、特有事見礼、至其親幸、莫及盧綰。

劉邦集団には沛出身者が大勢いるが、最大の親友盧綰の反乱という重大な事柄に関する確認を審食其に託したことから、彼に対する信頼の厚さが窺え、同時に、審食其と盧綰の間には親密な関係があったと推測される[19]。

こうしたことから、彼が劉邦集団の中でも恐らくかなり高い地位と影響力があったと思われる。呂氏一族と親密な関係が持っていたと思われる一つの根拠として挙げられるのは「諸呂の乱」の後における彼の処遇である。呂氏一族と親密な関係が持っていたと思われる人たち、例えば、呂太后時期の大中大夫張買、呂它、官職不明の馮代などは事件に連座して殺されたが、審食其は呂氏との関わりが深かったにもかかわらず罪を問われなかった。それどころか、「諸呂の乱」の後、短い間であっ

たものの、彼は再び丞相に任命されたのである。これは非常に重要な意味を持っている。恐らく周勃たちが審食其を丞相にすることによって、混乱した政治情勢の安定を図ったのではないかと思われる。換言すれば、審食其は功臣たちの間でもかなり厚い人望と大きな影響力を持っていたであろうと考えられる。

審食其は沛で劉邦の家族を守った過程で呂太后との間にも大変強い信頼関係を築き上げたと思われる。特に、呂太后が項羽に捕えられたときに、彼も一緒に付き添い、呂太后の世話をした。こうしたことから二人の関係はより親密となり、そのため、劉邦が亡くなった後、二人の不倫関係さえ取りざたされ、審食其は危うく恵帝に殺されるところだった。

以上の考察から分かるように、審食其は劉邦や呂太后と大変親密な関係にあり、同時に、豊沛集団の中でも長老格の存在であった。呂太后は彼を左丞相に任命することによって豊沛集団の功臣たちの不満を宥めることができる一方、自らの腹心として国政を任せたのではないかと思われる。

三　任敖と曹窋の起用

一方、御史大夫任敖の起用にはどのような背景があったのだろうか。これまで、任敖の起用はとくに重要視されておらず、ただ侯の一人として起用されたに過ぎないと理解されてきた。しかし任敖が封侯されたのは、高祖十一年・百十五番目とかなり遅く、彼が御史大夫となったのは軍功によるのではなく、他に理由があったからではないかと考えられる。『史記』巻九十六張丞相列伝に以下のようなことが記されている。

任敖者、故沛獄吏、高祖嘗辟吏、吏繫呂后、遇之不謹。任敖素善高祖、撃傷主呂后吏。

この史料から分かるように、任敖はもともと沛の獄吏であり、呂太后が監禁されたときに、獄吏から無礼を受けたため、任敖はその獄吏を殴ってしまった。不遇の状況に置かれた呂太后にとって、任敖のこのような行為はありがたいことであっただろう。このことから、任敖と呂太后は劉邦の挙兵前からすでに知り合い、しかも、上記の監獄での出来事によって、呂太后が任敖に対して好意を持っていたのではないかと思われる。

また、『史記』巻十八高祖功臣侯者年表の中に以下のような記述がある。

以客従起沛、為御史、守豊二歳、撃項籍、為上党守、陳豨反、堅守、侯、千八百戸。後遷御史大夫。

ここで、まず目を引くことは「為御史」ということである。任敖は秦の官吏であったため、恐らく劉邦が沛公になってから彼を御史に任命したと思われる。次に「守豊二歳」も注目すべきである。ここの「二歳」がいつごろを指すかについて必ずしもはっきりとしない。劉邦がいったん失った豊を奪還したのは秦二世二年（紀元前二〇八年）の一月のことで、六月には薛に移った。この時点から漢二年（紀元前二〇五年）五月の彭城大戦まで三年間ある。彭城大戦の結果、呂太后と劉太公は項羽に捕まり、恵帝と魯元公主が劉邦と一緒に逃げたため、豊を守る必要がなくなった。そのため、任敖が豊を守った二年間というのは恐らく秦二世二年六月から漢二年五月までの三年間のうちの二年間と考えられる。すなわち、劉邦が遠征に行ってから、彼は二年間ほど審食其、呂太后、呂太后の次兄呂釈之と一緒に豊を守っていた。そしてこの間にお互いに強い信頼関係を築き上げたのではないかと思われる。

漢帝国が建国されてから恵帝六年まで、任敖は上党の太守であった。恵帝の死後、御史大夫趙尭はかつて趙王如意を守る策を劉邦に提案したことがあったために呂太后により罷免され、任敖がその後任となった。当時、他にも多くの功臣がいたにもかかわらず、わざわざ地方から任敖を抜擢したのは、軍功が高いからではなく、秦の官吏や劉邦の御史としての経験などから御史大夫に相応しい能力を持っていたことに加え、帝国樹立前に築き上げられた呂太后との個人的な信頼関係も大きな要因であっただろう。

任敖は御史大夫の地位に三年間しかおらず、また解任された理由も不明である。その後任として、曹参の息子曹窋が就任した。他の功臣を差し置いて彼が御史大夫となったのもやはり軍功に基づいた人事ではないことは明らかである。彼の就任理由に関する記述は残されていないので正確なことは分からないが、本章第一節で示した史料から分かるように、恵帝の時に侍中を務めたことがあったように、政治の中心部で様々な経験を積み、それなりの能力も持っていたと思われる。そして、もう一点、長年宮中で仕事をしていたため、呂太后との接触も多かったと思われる。そうしたことから、彼は呂太后に気に入られ、信頼されていたのではないかと考えられる。

このように、恵帝が亡くなってからの三公の任用は、呂太后との個人的なかかわりがより重視されるようになった。

第四節　呂氏一族の任用

以上に見てきたように、呂太后は権力基盤が弱くなるにつれてより自分に近い人物を登用するようになってきたが、おそらく自ら年をとるに従い、それまでに頼りにしていた文臣に対しても不信感を持つようになり、その結果、呂氏一族を重用するようになったと思われる。

『史記』巻九呂太后本紀には以下のようなことが記されている。

左丞相不治事、令監宮中、如郎中令。食其故得幸太后、常用事、公卿皆因而決事。

つまり腹心の左丞相審食其は宮中で呂太后と一緒に意思決定を行い、右丞相陳平が丞相府でそれらの決定を実行していたのだろう。それでも、呂太后は徐々に陳平のことまで信頼しなくなった。『史記』巻五十六陳丞相世家には

（呂太后の妹）呂嬃……数讒曰、「陳平為相非治事、日飲醇酒、戯婦女」。陳平聞、日益甚、呂太后聞之、私独喜。

とある。陳平は丞相でありながら、政事をやらず、酒と女に溺れていた。ここで注目すべきは、この話を聞いた陳平は自分の行動を改めるのではなく、ますますそうするようになったのである。また、不思議なことに、丞相がまともに仕事をしないことを聞いた呂太后は怒らなかっただけではなく、逆に密かに喜んでいた。なぜこのような異常なことが起きたのだろうか。これは呂太后の置かれた立場から見れば、決して不思議なことではない。何故なら、自らの権力基盤が弱まるにつれて、呂太后は大臣たちに対する疑心暗鬼がますます強まり、彼らが活発に行動し影響力を拡大するよりは、何もせずに酒と女に溺れた方が安心だからである。政治情勢に敏感な陳平はそうした呂太后の思惑を察したからこそ、そのように振る舞い、呂太后の不安を取り除こうとした。呂太后が密かに喜んだのもまさにそのためであろう。

呂太后八年（紀元前一八〇年）、呂太后はついに死を迎えた。その前年、自らの死を予感した呂太后は、自分が亡くなると恵帝系皇統が途絶えてしまうことを危惧し、それを防ぐ最後の手段として、自分の親族を登用することにした。

まず、軍権について、『漢書』巻三高后本紀に

（七年）以梁王呂産為相国、趙王呂禄為上将軍。立営陵侯劉沢為琅邪王。

とある。呂太后が営陵侯劉沢を琅邪王に封じた理由は「恐即崩後劉将軍為害、乃以劉沢為琅邪王、以慰其心」である（『史記』巻九呂太后本紀）。即ち、呂太后は死ぬ前に、それまでに信頼していた劉沢も信頼できなくなり、彼を

表8　呂太后期における三公の経歴表

官職	名前	出身	封侯順位	侯の順位
丞相／相国	蕭何	秦吏	15	1
	曹参	秦吏	1	2
	王陵	沛豪	59	12
	陳平	楚都尉	9	47
	審食其	不明	61	59
	呂産	呂太后の甥	×	
太尉	周勃	織曲者	17	4
御史大夫	趙尭	不明	112	廃
	任敖	秦吏	115	89
	曹窋	曹参の息子	×	

注：×は任官時点で侯でないことを示す。

琅邪王に封じ地方に帰らせ、その軍権を取り上げ自分の甥の呂禄に渡したのである。

行政権については、前述のように、当時の丞相は左丞相審食其と右丞相陳平である。呂太后は晩年になると、右丞相陳平のことをも信頼しなくなった。そのため、彼女が亡くなる前に、太傅呂産を相国とし、審食其と陳平より実権を取り上げてしまった[20]。

このような一連の人事によって、軍と行政の最高権力は呂太后の親族に与えられた。その結果、周勃は太尉でありながら軍を統率することができず、陳平は丞相でありながら職務を遂行することができない、という状況が生じてしまった。

呂太后期の三公の経歴は表8にまとめることができる。

以上の分析から、呂太后期の人事異動が呂太后の権力基盤と緊密に連動していたことが明らかになった。呂太后の権力基盤が弱体化するたびに、大きな人事異動が行われた。具体的に言えば、呂太后は劉邦期から続く功臣の処遇の問題を解決するために、まず彼らから一番の功績があるとされていた曹参を相国に任命し、武将たちと妥協する姿勢を見せた。しかし次兄呂釈之と義弟樊噲の死により自身の権力基盤がさらに弱まると、丞相権を二分したうえで、自分とある程度つながりのある「怏怏」派の王陵を右丞相とし、同時に自分が信頼している陳平を左丞相に任命した。そして、武将との間のバランスを取るために、太尉を復活し周勃を任命した。しかし、恵帝の死により呂太后の権力基盤がさらに一段と弱体化したため、丞相権を「怏怏」派の王陵から取り上げ、腹心の審食其を登用し、軍隊の統率権も親戚関係にある劉沢に与えた。そして、自分の死ぬ前には、呂氏一族の権力がすべてなくなることを危惧し、最後の賭けとして軍隊と行政の最高権力をすべて自分の親族に与えた。このように、権力基盤が弱まるに従い益々厳しい政治環境に置かれた呂太后は、国家権力をいっそう自分の親族に集中させていったのである。

第五節　九卿の任用について

以上、呂太后期における三公の人事について分析し、いわゆる軍功に基づく官僚任用の原則が存在しなかったことを明らかにした。呂太后期における人事の一つの大きな特徴は彼女の権力基盤の弱体化に伴い、行政能力や専門的能力だけではなく、呂太后との信頼関係がますます重要な基準となったことである。それでは、九卿の人事は、どのような基準で行われていただろうか。以下では、呂太后期における九卿の任用状況について検討していきたい。

『史記』、『漢書』から確認できるこの時期の九卿は表9の通りである。

表9から分かるように、呂太后期における九卿に関する記録は劉邦期と比べて一層不完全なものとなっている。しかし、確認できる範囲でこの時期における九卿の任用状況を検討することによって、呂太后期における官僚任用の基準を明らかにすることは可能である。

まず、恵帝期において、九卿の人事は比較的安定しており、人事異動はそれほど多くなかったことが分かる。つ

表9　呂太后期の九卿表

恵帝期							
	一年	二年	三年	四年	五年	六年	七年
奉常	叔孫通	叔孫通	叔孫通	叔孫通	叔孫通	叔孫通	×
郎中令							
衛尉	劉沢	劉沢？	劉沢？	劉沢？	劉沢？	劉沢？	劉沢？
太僕	夏侯嬰	夏侯嬰	夏侯嬰	夏侯嬰	夏侯嬰	夏侯嬰	夏侯嬰
廷尉	育？	育？	杜恬	杜恬？	杜恬？	宣義	宣義？
典客	薛欧	薛欧	薛欧	薛欧	薛欧	薛欧	審食其
中尉							
少府	陽咸延	陽咸延	陽咸延	陽咸延	陽咸延	陽咸延	陽咸延

少帝期								
	一年	二年	三年	四年	五年	六年	七年	八年
奉常							根	根？
郎中令	馮無択	馮無択？	馮無択？	馮無択？	賈寿？	賈寿？	賈寿？	賈寿
衛尉				衛無択	衛無択？	衛無択？	衛無択？	衛無択？
太僕	夏侯嬰	夏侯嬰	夏侯嬰	夏侯嬰	夏侯嬰	夏侯嬰	夏侯嬰	夏侯嬰
廷尉							圍	
典客							劉掲	
中尉								
少府	陽咸延	陽咸延	陽咸延	陽咸延	陽咸延	陽咸延		

注：？は史料に基づく推測、×はその官職が欠員であったことを示している。また、空白のところは状況不明であることを示している。

まり、この時期の人事は基本的に劉邦期のメンバーをそのまま任用していた。人事の異動が生じたのは衛尉劉沢、廷尉杜恬、廷尉宣義、典客審食其だけである。廷尉杜恬は劉邦時期の内史であり、恵帝三年に内史から廷尉に遷された。廷尉宣義は高祖期にすでに廷尉になったことがあるので、同じ基準で廷尉に再登用されたと思われる。注意する必要があるのは、これらの人物は任用された時点でいずれも封侯されていなかったことである。この中で唯一列侯の身分であったのは典客審食其のみである。

少帝期になると、奉常根、郎中令馮無択、郎中令賈寿、衛尉衛無択、廷尉圍、典客劉掲が新たに任用された。廷尉圍、奉常根に関する記録は史書にはほとんど見られないため、彼らがどのような理由で任用されたのかについては明らかにできないが、いずれも侯でなかったことは事実である。このことから見て、彼らが軍功が高いために任用されたわけではないことが明らかであろう。典客劉掲は高祖十二年に郎になっており、「諸呂の乱」の過程で功績を挙げ、文帝元年に初めて侯に封ぜられたことから、典客になったときにはまだ侯でなかったことが分かる。

衛尉と郎中令はそれぞれ宮中と殿内の警備を担当する官職であり、両方とも皇帝の安全に直接関わるため、皇帝の側近が登用されたと考えられる。呂太后期に、新しく任命された衛尉と郎中令四人の中では、三人が恵帝と呂太后の側近であったことが確認できる。

まず劉沢について見てみよう。彼は衛尉に就任したとき、すでに侯であったものの、彼が衛尉となった理由が、侯であったということで説明することはできない。彼は劉氏一族の一員であるのと同時に、呂太后の姪婿（呂嬃と樊噲の婿）であるという姻戚関係もあった。このような二重の親戚関係から生まれた信頼関係が、彼をその地位に任命させた大きな要因であると考えられる。従って、彼の任用については、軍功よりも、信頼関係が決め手となっていたと思われる。

次に郎中令馮無択はどうであっただろうか。『史記』巻十九恵景間侯者年表に

表10　呂太后期における九卿の経歴表

官職	名前	出身	封侯順位	侯の順位
奉常	根	不明	×	
郎中令	馮無択	不明	×	
	賈寿	不明	×	
衛尉	劉沢	劉・呂両家の親戚	113	88
	衛無択	隊卒	×	
太僕	夏侯嬰	秦吏	3	8
廷尉	育	不明	×	
	杜恬	御史	111	108
	宣義	中地守（高祖六年）	114	122
	圍	不明	×	
典客	劉掲	郎（高祖十二年）	×	
中尉				
少府	陽咸延	秦吏	呂太后元年	
治粟内史				

注：侯であったかどうかは任官した時点で判断したものである。また、×は任官時点で侯ではないこと、空白は情報がないことを示す。

以悼武王郎中、兵初起、従高祖起、
……力戦、奉衛悼武王出滎陽、功侯。

とある。この記述から、馮無択は呂太后の長兄周呂侯呂沢の側近であり、呂氏一族に近い存在であったことが分かる。特に、その息子馮代は「諸呂の乱」の後、「坐呂氏事誅」となったことから分かるように、馮無択一家は呂氏一族に極めて近い関係にあったと言えよう[21]。

郎中令賈寿の経歴は確認できないが、第二章で見たように、「諸呂の乱」が起きる当日、彼の使者が呂産に対し至急未央宮に入るよう促したことから見て、呂氏一族の側近であったことが窺える。

衛尉衛無択が呂氏の側近であったかどうかについて判断する史料はないが、彼が衛尉の職により侯となったことから、軍功によって衛尉に登用されたものではないことは明らかである。また、その職の特殊性からすると、彼も呂氏の側近であったことは間違いないだろう。

以上のことから、呂太后期における九卿の経歴は表10のようにまとめることができる。

本節の議論と表10から分かるように、呂太后期に新たに任用された九人の九卿の多くは任官された時点では侯ではなく、ゆえに高い軍功を持つ者ではなかったことが明らかである。また、劉邦時代に任用された叔孫通、夏侯嬰、陽咸延らが引き続き九卿の地位に留まっていることから見て、この時期では、依然として軍功に基づく官僚任用ルールが存在せず、能力、そして信頼関係が重要な要素であった。とりわけ、少帝期になると、呂氏一族と関係の近い人物の登用が増えている。このことを裏返せば、劉邦期からの武将たちに対する抑制策は、呂太后期に入っても引き続き採用されていたと考えられる。

このため、前漢初期から長安城内には「以侯家居」という功臣が多くいた。彼らは中央の政治権力から排除されていたことに不満を持っており、また日常的に連絡を取り合っていたため、前漢初期の政治状況を不安定化させる要因となった。この意味で、「諸呂の乱」は劉邦期と呂太后期の二十数年間に蓄積した功臣たちの皇帝側に対する不満が一気に爆発したようなものであると言える。また、呂太后が亡くなる前に行われた呂氏一族への権力集中は、武将だけではなく文臣たちの不満も招き、呂氏一族の排除が決定的となった。これについては、第五章で詳細に議論する。

おわりに

本章では呂太后期における中央政府の三公九卿の任用状況を検証することによって、以下のような結論が得られた。

まず、第一に、呂太后期における官僚任用の基準として、いわゆる軍功に基づく任用は劉邦期と同じように存在しなかった。人事任用の原則は基本的には能力に基づく人材登用である。馬上で天下を取ることはできるが、馬上で天下を治めることはできない、という劉邦期に確立された漢帝国の統治理念は呂太后期においても同じように受け継がれてきた。それはこのような統治理念が確立した政治的状況、つまり、布衣出身の皇帝に対する仲間たちの反発が劉邦の死によっても消滅しておらず、むしろ一層強まったものになったからである。そのために、功臣たちの力を抑え、帝国の維持運営に役立つような人材の登用がどうしても必要不可欠だったからである。

第二に、この時期における官僚任用の一つの大きな特徴として挙げられるのは、呂太后自らの権力基盤の弱体化に伴い、官僚任用の基準が徐々に彼女自身との信頼関係に移ってきたことである。劉邦の死をきっかけに皇帝と功臣たちの力関係が大きく変わり、また恵帝が早すぎる死を迎えたことによって、呂太后の権力基盤が一層弱体化してしまった。このため、呂太后は自らが信用できる側近たちを政権の中枢に任用せざるを得なくなった。さらに、彼女自身が死を迎える前に、漢帝国の権力を自らの一族に委譲するという賭けに出た。しかしこれは逆に功臣たちの不満を招き、最終的に呂氏一族の族殺という悲劇的な結果を招いた。

第三に、司馬遷が『史記』の中で劉邦集団を一つの集団として扱ったため、今日における前漢史研究では、相変わらず劉邦集団が一つの利益集団として議論されてきた[22]。しかし、前章と本章における分析からも分かるように、劉邦集団も他の政治集団と同じように、様々な勢力によって構成されており、文臣と武将の違い、出身地の違い、性格や価値観の違い、さらに劉邦との距離により、様々な利害集団に分けることができる。共通の敵が存在する時には一つの集団として行動するが、帝国が樹立されると、集団内部の各勢力が自らの利益を求めて異なる方向に動き出すことが十分考えられる。事実、劉邦期から呂太后期にかけて、様々な人が様々な形で政権に協力したり、対立したりしていた。呂太后は三公を任用する際、こうした集団内部の対立や不和を利用し、お互いに牽制させながら統治したのである。このことから、前漢初期に関する歴史研究は、劉邦集団内部にまで踏み込んでより詳細に検証する必要がある。

第四に、前漢初期における権力構造は李開元氏の主張するような「三権並立」の状態ではなく、皇帝の権力は明らかに上位にあった。確かに、相国曹参が恵帝の前で大きな態度を取り、丞相王陵が呂太后に公然と反発したというような事例もあるが、それ以外の蕭何、陳平や審食其などには全くそのような言動が見られず、むしろ皇帝や呂太后に対し従順に行動していた。そして何と言っても重要なのは、相国や丞相をはじめとする三公九卿やその他の重要な官職の任命権や封侯・封王の権限はすべて皇帝の手にあるという事実である。呂太后死後、斉王が帝位を目指して挙兵した時にも幼い少帝に対して不敬な態度を取らなかった。また、少帝の後盾であった呂禄でさえ、少帝の意向であると聞いただけであっさりと軍権を手放してしまった。こうしたことから見て、皇帝と功臣や諸侯王の関係はあくまで支配と服従の関係であり、「並立」的な関係ではなかった。従って、前漢初期においても、皇帝の権力は後の武帝期ほど絶対的ではなく、強力な功臣勢力や諸侯王から様々な形で圧力を受け、また皇帝側から様々な形で配慮したりしたものの、その権力は決して「宮廷内」に限定された有限なものではなく、功臣や地方諸侯王と比べ、圧倒的に優位な立場にあった。

注

（1）このことについて『史記』巻八高祖本紀に次のように記載している。
人或聞之、語酈将軍。酈将軍往見審食其、曰、「吾聞帝已崩、四日不発喪、欲誅諸将。誠如此、天下危矣。陳平・灌嬰将十万守滎陽、樊噲・周勃将二十万定燕・代、此聞帝崩、諸将皆誅、必連兵還郷以攻関中。大臣内叛、諸侯外反、亡可翹足而待也。」審食其入言之、乃以丁未発喪、大赦天下。

（2）『漢書』巻十九下百官公卿表下に「七月辛未、相国何薨。七月癸巳、斉相曹参為相国」と記している。辛未から癸巳まで二十二日とある。

（3）『漢書』巻十九下百官公卿表下に「八月己丑、相国参薨。十月己丑、安国侯王陵為右丞相、曲逆侯陳平為左丞相」とあり、新しい丞相の任命に二ヵ月かかったことが分かる。

（4）曹参は劉邦と起兵する前に秦吏であったことは史料に記されている。例えば『史記』巻八劉邦本紀に

　蕭、曹等皆文吏

また、

　於是少年豪吏如蕭、曹、樊噲等皆為収沛子弟二三千人…

とある。

（5）恵帝二年、相国蕭何が亡くなったとの情報が斉に伝わると、曹参は「告舎人、趣治行。吾将入相」（『史記』巻五十四曹相国世家）と言い、実際曹参が蕭何の後継者として相国に任命された。彼の軍功順位は二番であったため、これまでの研究では、この史料を一つの重要な根拠として、前漢の丞相は軍功の順位によって決められていると主張する傾向がある。確かに上の史料からは曹参が自分の番が来たと考えていたように見える。その理由は言うまでもなく彼の高い軍功順位や劉邦集団における高い地位と無関係ではなかろう。しかし、これはあくまで曹参が相国になる条件を十分備えていることを示しているだけで、任命権を握っていた恵帝と呂太后は必ずしもこれだけを理由に彼を蕭何の後継者に任命するわけではなかった。事実、史料では、蕭何が亡くなる前に、恵帝が後任人事について尋ねたことがあると記している。こうしたことから見れば、呂太后や恵帝にとって、曹参は相国の最有力候補ではあるものの、唯一の候補ではなかったことを示している。

（6）『史記』巻五十二曹相国世家に曹参と蕭何の関係について、次のように書かれている。

　参始微時、与蕭何善。及為将相、有郤。

　漢帝国の樹立前、両者は前方で戦う将と後方で支援する相であったため、対立する関係ではなかったが、建国後の軍功評定及び封侯問題を巡って、両者の利害対立が生じた。そのため、両者はこの頃から不仲になったのではないかと思われる。

（7）曹参のような大物の功臣が中央政府の三公に就くことは十分可能であるので、諸侯王国の相国になるのは左遷であったと考えられる。これについては、周昌が劉邦から趙の相国に任命された時の状況から窺える。『史記』巻九十六張丞相列伝に

　於是乃召周昌、謂曰、「吾欲固煩公、公彊為相趙王」、周昌泣曰、「臣初起従陛下、陛下独奈何中道而棄之於諸侯乎。」高祖曰「吾極知其左遷、然吾私憂趙王、念非公無可者。公不得已彊行。」於是徙御史大夫周昌為趙相。

とある。即ち、中央から地方に移動することは、当時の一般的な観念では左遷されたことを意味する。美川修一「所謂漢の高祖の功臣の動向について――呂后専権の基盤――」（『中国前近代史研究』所収、早稲田大学文学部東洋史研究室編集、雄山閣出版社、一九八〇年）参照。

（8）事実、「諸呂の乱」の後、新しい皇帝は劉邦の他の息子から選ばれたのである。
（9）この点は決して杞憂ではないように思われる。次の第五章で議論する「諸呂の乱」から分かるように、曹参の息子曹窋は「諸呂の乱」の過程で際立った活躍をしたが、事件後に、逆に御史大夫を解任されてしまった。その理由について史書には何ら記述はないが、恐らく彼は斉にいた頃、斉（哀）王劉襄と親密な関係を築き、斉（哀）王を皇帝に迎えようとして周勃たちと対立し、失脚した可能性が高いと推測される。もし、それが真実であるなら、父親の曹参も斉（悼恵）王劉肥と非常に親しい関係にあったとも考えられる。
（10）本章の注3の史料を参照。
（11）本章の注17の史料を参照。
（12）『史記』巻九十五樊酈滕灌列伝に

先黥布反時、高祖嘗病甚。悪見人、臥禁中、詔戸者無得入群臣。群臣絳、灌等莫敢入。十余日、噲乃排闥而直入、大臣随之。上独枕一宦者臥。噲等見上流涕曰、「始陛下与臣等起豊沛、定天下、何其壮也。今天下已定、又何憊也。且陛下病甚、大臣震恐、不見臣等計事、顧独与一宦者絶乎。且陛下独不見趙高之事乎。」高帝笑而起。

とある。劉邦は病気になってから、群臣たちが宮中に入ることを禁止した。群臣は劉邦のことを心配するものの、指示を守るしかなかった。その時、樊噲だけが劉邦の指示を破って大臣たちを連れて勝手に宮中に入り、泣きながら劉邦を責めた。この史料から、樊噲は劉邦と非常に近い関係にあり、武将たちの中でも中心的な存在であったことが読み取れる。
（13）第一章で指摘したように、樊噲は呂太后の妹の夫であり、劉邦が亡くなる前に、「党呂氏」との罪名で劉邦に殺されるところだった。「党呂氏」ということから、彼は呂太后を支える重要な人物であったことが窺える。
（14）王陵の率直な性格が人々に好まれていたためか、史書に書かれた「而陵本無意従高帝、以故晩封、為安国侯」について、古くから様々な論議が展開されてきた。その多くは王陵を弁護し、史書が間違っているとする。（瀧川亀太郎『史記會注考証』陳丞相世家王陵部分参照）しかし、史書に記される王陵の性格や経歴から見て、劉邦に従おうとしなかったことはむしろ容易に理解される。
（15）『史記』巻八高祖本紀高祖十二年（紀元前一九五年）冬十月条に、

高祖還帰、過沛、留。置酒沛宮、……謂沛父兄曰、「遊子悲故郷。……其以沛為朕湯沐邑、複其民、世世無有所与。」……沛父兄皆頓首曰、「沛幸得複、豊未複、唯陛下哀憐之。」高祖曰、「豊吾所生長、極不忘耳、吾特為其以雍歯故反我為魏。」沛父兄固請、乃並複豊、比沛。

とある。高祖は沛に留まり、沛の税金を免じた。沛の父兄は豊の税金も免じるように願ったが、高祖は「吾特以其為雍歯故反我為魏。」と胸中を告白した。すなわち、雍歯が豊を率いて劉邦にそむいたことは彼を深く傷つけた。そのため劉邦は十年経ってもそれを許すことができず、税金を免除することもしぶったのである。

(16) この点について、李開元氏も『漢帝国の成立と劉邦集団――軍功受益階層の研究――』(汲古書院、二〇〇〇年)の中で同じ見解を示している。

(17) 『漢書』巻十九下百官公卿表下に、「恵帝六年、絳侯周勃復為太尉、「十年」、遷。」とある。この史料から、周勃は恵帝六年に太尉となり、十年間、すなわち文帝一年まで太尉であったと解釈することもできる。しかし、この「十年」は間違いである。なぜなら『史記』巻九呂太后本紀によると、呂太后四年に「置太尉官、絳侯勃為太尉」との記述があるので、恵帝六年から呂太后四年までの間に、太尉の官は一度廃止され、呂太后四年に再び設置されたことが分かるからである。周勃がいつ解任されたのかはっきりしないが、『漢書』巻二恵帝紀第二に「七年冬十月、発車騎、材官詣滎陽、太尉灌嬰将」とあり、前漢の暦では十月から年が始まるので、「七年冬十月」とは七年の最初の月のことであるため、周勃は恵帝六年中に解任されたと考えられる。一方、「太尉灌嬰」との記述があるが、漢の百官宮卿表や灌嬰の伝記の中に彼が太尉に就任したとの記述はなく、また、当時、軍隊を連れて戦いなどに出かけるときに一時的に太尉に任命され、戻ってから返上するという習慣があったため、灌嬰は周勃の後任として正式に太尉に就任したというより、一時的に就任したのではないかと推測される。

その後、恵帝七年に恵帝が亡くなったことを受け、劉、呂両家と親戚関係にある劉沢が大将軍に任命されたため、呂太后元年から三年まで太尉はおかれなかったと推測される。その証拠として、次の史料がある。『史記』巻九呂太后本紀に

太后称制、議欲立諸呂為王、問右丞相王陵。……太后不悦。問左丞相陳平、絳侯周勃。……

とある。ここに、「太后称制」と書いてあるので、明らかに呂太后元年のことである。「問右丞相王陵」、「問左丞相陳平、絳侯周勃。」との文があり、王陵と陳平は肩書があるが、周勃は「太尉」ではなく、「絳侯」としか書かれていない。つまり、このとき周勃は太尉ではなかった。

(18) 熊谷滋三「前漢の典客・大行令・大鴻臚」(『東洋史研究』五九―四、二〇〇一年)参照。

(19) 劉邦はよく私的な関係を利用してことの真相を探った。趙王張敖の家臣貫高は謀反を計画したために捕えられた。厳しい拷問にもかかわらず、彼は張敖に罪がないと主張しつづけた。それを知った劉邦は「壮士、誰知者。以私問之。」(『史記』巻八十九張耳陳余列伝)と言った。言うまでもなく、親密な関係にある者同士であればあるほど信憑性のある情報が得られやすいはずである。

(20) 鎌田重雄『秦漢政治制度の研究』(日本学術振興学会、一九六二年)によれば、丞相は相国を補佐するものであり、丞相が尊ばれて就く職である。そのため、相国は丞相より上位に立っている。

（21）『史記』巻九呂太后本紀に、

四月、太后欲侯諸呂、乃先封高祖之功臣郎中令無択為博城侯。

とある。この史料から、馮無択は先に郎中令になってから侯に封ぜられたことが分かる。

（22）守屋美都雄「漢の高祖集団の性格について」（『歴史学研究』第一五八号、第一五九号、一九五二年）、西嶋定生『中国古代国家と東アジア社会』（東京大学出版会、一九八三年再収）などを参照。

第五章　「諸呂の乱」における大臣と斉王兄弟

はじめに

第三章と第四章では、劉邦期から呂太后期までの官僚任用政策を検討した。劉邦期においては、漢帝国の樹立に大きな貢献をした武将たちの力を抑え、国家の管理運営に役立つような文臣を多く任用した。呂太后期には、基本的に劉邦期の官僚任用政策を受け継いだが、呂太后自らの権力基盤の弱体化に伴い、官僚任用の基準は徐々に彼女自身との信頼関係に移っていった。さらに、彼女自身が死を迎える前に、漢帝国の中央権力を自らの親族に強引に委譲するという賭けに出た。このことはさらに功臣たちの不満を招き、最終的に呂氏一族の族殺という悲劇的な結果を招いた。これが中国歴史上有名な「諸呂の乱」である。本章では、「諸呂の乱」における中央の大臣と斉哀王（以下、斉王と称す）兄弟との関係に焦点を当てることによって、この乱がどのような権力集団のどのような動きのもとで起きたのかを検証し、事件の真相及び呂太后期の権力構造を明らかにしていきたい。

第一節　「諸呂の乱」について

「諸呂の乱」とは呂太后が亡くなった後、その一族が起こそうとしたとされる「乱」である。しかし、実際には「乱」を起こす前に大臣と諸侯王たちに察知され、呂氏一族は皆殺しにされてしまった。「諸呂の乱」については、史書の記載がそのまま定説として受け入れられてきたが、「乱」の目的が曖昧であること、そして、「乱」をめぐる記述に混乱や矛盾が多いことなどから、「諸呂の乱」はでっち上げられたものであるとする見解も現れてきた。その中で、この問題を真正面から取り上げ、「諸呂の乱」が存在しなかったことを論証したのは呉仰湘氏の研究である[1]。呉氏の論点を要約すると以下のようになる。①功臣で侯となった者は百五十人もいて、しかも軍事・政治権力をすべて握っていたのに対し、呂氏一族の中で王・侯となった者は十数人しかいないため、劉氏を滅ぼすことはできるはずがない。②呂産が相国、呂禄が上将軍であることについては、紀伝により記述内容が異なること、そして『史記』巻十七漢興以来将相名臣年表には彼らが相国と将軍であることが記載されていないことなどから、実際には呂産と呂禄は相国と上将軍の地位になく、実権も持っていなかった。③前漢初期の長安の南北軍は、大きな軍事力ではなかった。しかも、この軍事力を呂産と呂禄が実際にコントロールしたことはない。④「諸呂の乱」に関する史料の記載に様々な矛盾がある。

呉氏の研究は、「諸呂の乱」に関する通説に疑問を投げかけた点において評価できるが、その論証は厳密さを欠いていると言わざるを得ない。まず、論拠①と③は明らかに史料を厳密に検証することなく得られた結論である。また侯となっている者の数で政治権力の優劣を考えるのは複雑な政治問題を単純化しすぎていると言わねばならない。次に、論拠②について、紀伝においては、呂産と呂禄の任命に関する記載は確かに異なっているが、彼らが相国と上将軍である点では一致している。のちに論じるように、彼らの任命については、事件後、皇帝の座に就いた文帝によってその正当性が否定されたため、功臣表に記載されなかったことはむしろ当然であろう。これらの論点により呂氏一族に加えられた罪名が成り立たないということが呉氏のいわんとするところであるが、論拠自体が成り立ちがたいため、「諸呂の乱」が実在しなかったという呉氏の主張は説得力に欠けると言わざるを得ない。

呉氏のほかに、呂思勉氏、宮崎市定氏などもそれぞれの研究において、「諸呂の乱」は大臣たちのクーデターであるとの見解を示している。(2) しかし、これらの研究は、いずれも問題提起の域に止まり、具体的な論証が展開されていないため、従来の定説を根底から覆したとは言えない。このため、本章では、改めて諸呂が「乱」を起こしたかどうかについて究明していきたい。(3)

一　史料記載の混乱

「諸呂の乱」について、呉仰湘氏が指摘するように、史書の記載は非常に混乱している。呂氏一族が「乱」を起こそうとしたとする記載もあれば、大臣たちが呂氏を殺そうとしたとする記述もある。ここでは、まず『史記』に記された「諸呂の乱」に関する主な史料を列記する。(4)

①（呂）産等惧誅、謀作乱。大臣征之……（巻四十九外戚世家）

②太后崩、呂禄等以趙王自置為将軍、軍長安、為乱。（巻九十五樊酈滕灌列伝灌嬰伝）

③（呂）禄以趙王為漢上将軍、呂産以呂王為漢相国、秉漢権、欲危劉氏。……於是勃与平謀、卒誅諸呂而立孝文皇帝。（巻五十七絳侯周勃世家）

④諸呂呂産等欲為乱、以危劉氏、大臣共誅之……（巻十文帝本紀）

⑤太后崩、琅邪王沢……乃引兵与斉王合謀西、欲誅諸呂。（巻五十一荊燕世家）

⑥　呂太后崩、陳平与太尉勃合謀、卒誅諸呂、……（巻五十六陳丞相世家）
⑦　高后崩、大臣誅諸呂……（巻九十五樊酈滕灌列伝樊噲伝）
⑧　高后崩、大臣欲誅諸呂、……（巻九十五樊酈滕灌列伝酈商伝）
⑨　呂太后崩、大臣誅諸呂……（巻九十七酈生陸賈列伝）
⑩　呂后崩、大臣相与共畔諸呂、……（巻一〇一袁盎列伝）

以上の史料の中で、史料①から④までは呂氏一族が乱を起こそうとしたため殺されたと記しているが、⑤から⑩までの史料では、大臣と斉王が呂氏一族を殺そうとしたと記載する。このような記載の混乱から、当然のことながら、まず一体誰が「乱」を起こしたのか、という疑問が生じてくる。「乱」を起こすことは政治的に大変危険なことであり、それだけにはっきりとした目的がなければならない。呂氏一族が「乱」を起こしたとするなら、彼らの目的は一体何だったのだろうか。史料には彼らが「聚兵威大臣」や「欲危劉氏」、また「列侯群臣、其自堅其命」などと書かれている。このような記述は呂氏が劉氏に代わって天下を自分のものにしようとし、この目的の達成を妨げる有力な大臣や諸侯王を自らの敵対勢力と見なし、殺害しようとしたことを示すものと捉えられてきた。しかし、果たして呂氏一族にそのような野心があったのだろうか。

二　呂氏一族の「野心」と敵対勢力

呂太后が亡くなった後、斉悼恵王劉肥の息子斉王劉襄は不当に王になった呂氏を排除することを大義名分として挙兵した。そこで、長安にいる大臣たちは呂氏と仲のよい酈寄（酈商の息子）を遣わして、彼らに軍権を放棄するように説得した。軍権を放棄すれば、百利あって一害なしという酈寄の話を聞いた呂禄は、その誘惑に負けて将印を返納するつもりだった。また、斉王と灌嬰が連合したと聞いた呂氏の側近である郎中令賈寿の使者は、呂産に

「王不早之国、今雖欲行、尚可得邪。」と責めた。[5] この話からも呂産は帰国するかどうかについてかなり迷っていたことが読み取れる。これは呂氏が自らの安全を保つことだけを望んでおり、劉氏に取って代わろうという野心を持っていなかったことを物語っている。もし、そうした野心を持っていたのなら、将印を返納したり、封国に就いたりすることは考えられない。野心がないのに、なぜ反乱を起こすのだろうか。

一つ考えられるのは、呂氏にはもともと野心はなかったが、『漢書』巻三高后紀にあるように

自知背高皇帝約、恐為大臣諸侯王所誅、因謀作乱。

という可能性も否定できない。もし、そうであるなら、長安で最高の権力を持っていた呂禄と呂産は劉氏や大臣を敵と見なし、彼らを排除しようとしたはずである。以下、この可能性について検討してみよう。

まず、劉氏についてみると、斉王は明確に呂氏を殺すと宣言して挙兵したが、その時、斉王の弟である朱虚侯劉章と東牟侯劉興居の二人はともに都長安を警備する職に就いていた。[6] 当時、呂産と呂禄は長安の守備軍である南北軍の最高司令官であったため、劉章兄弟は呂氏の支配下にいたはずである。そのため呂氏が斉王の挙兵に対抗しようとすれば、劉章兄弟を殺したり、人質にしたりすることが考えられる。しかし、実際には呂氏は劉章兄弟に対して何もしなかった。自分たちを殺そうとした斉王の兄弟でさえ排除する気がなかったことから見て、呂氏が他の劉氏を排除するつもりもなかったと考えるのは自然であろう。

次に大臣についてみると、呂氏は灌嬰を派遣して、斉王の鎮圧に当たらせた。灌嬰は劉邦古参の武将であり、建国前後のほぼすべての戦闘において戦塵に身をさらしている。史料では、よく灌嬰を周勃と並べて、「絳灌之属」とも書かれる。もし呂氏が大臣を敵と見なし殺そうとするなら、このような人物はその殺害対象の中に含まれることは言うまでもない。しかし、実際には呂氏は灌嬰を重用し、軍隊の統率権を持たせたのである。

また、賈寿の使者が呂産のもとに、灌嬰が滎陽で軍隊を停めたという情報を届けてきたとき、御史大夫曹窋もまた呂産のところにいた。第四章で述べたように曹窋は劉邦が最初に挙兵したときの中心人物だった曹参の息子で、三公の一人である御史大夫であった。当然大臣側の人物であったと考えられる。にもかかわらず、呂産は曹窋の前で賈寿の使者と対策について協議している。このような肝要な事柄に関する相談を曹窋の前で行ったということは、彼を敵対勢力の一人だと見なしていなかったということを示している。つまり、功臣の灌嬰が既に自分を裏切ったにもかかわらず、呂産は他の功臣や大臣を敵だと考えていなかったのである。

このように、呂氏は劉氏や大臣を必ずしも敵とは考えておらず、彼らに危害を加えようとしていない。それどころか、『史記』巻九呂太后本紀の

今太后崩、帝少、而足下佩趙王印、不急之国守藩、乃為上将、将兵留此、為大臣諸侯所疑。

という酈寄の言葉から、呂氏はむしろ大臣たちから脅迫されているようにさえ思われる。しかも、もし呂氏が本当に大臣を殺そうとしていたのならば、酈寄から大臣が自分たちのことを疑っていることを聞くと、自分たちの意図が既に察知されたと考え、先手を打って大臣たちを殺そうとしたはずである。しかし、実際には、呂氏は大臣たちに疑われるのを恐れており、酈寄の話を聞いた呂禄は大臣の疑いを取り除こうとした。大臣たちは恐らくこうした呂氏の反応を予見していたからこそ酈寄を遣わして呂氏を騙そうとしたのだろう。

以上の考察から分かるように、呂氏は劉氏諸侯王や大臣を敵とは考えておらず、彼らを排除するという意図はなく、警戒さえしていなかった。このように見ると、呂氏は「乱」を起こそうとしていたとされるにもかかわらず、その敵対勢力が何であったかすら明確ではないのである。

三　「諸呂の乱」の参加者と情報の出所

『史記』巻九呂太后本紀には「呂禄・呂産、欲発乱関中」と書かれているが、二人の間には果たしてそういう意図があったのだろうか。

北軍を指揮する呂禄は酈寄から軍権を放棄するよう説得された時、心を動かされた。言うまでもなく、軍権の放棄は、呂氏一族の安否に関わる重要なことである。にもかかわらず、彼は呂産や「諸呂老人」のところに相談に行くのではなく、ただ人を遣わして呂氏一族に報告しただけであった。それを受けた呂氏一族の中には、「便（可）」と言う者もいれば、「不便（不可）」と言う者もいた。このように意見が統一されないまま、呂禄は酈寄の言葉を信じて上将軍の将印を返納し、北軍の指揮権を周勃に渡してしまった。さらに信じがたいのは、呂産は、灌嬰が軍隊を停めたとの情報を朝に聞いているにもかかわらず、午後四時頃になりようやく未央宮に入ろうとしたことである。(7) しかもこの間呂禄とは全く連絡をとらなかった。このようなことから分かるように、軍隊を握り「乱」を起こすことのできる立場にある呂禄と呂産には、「乱」を起こそうとした形跡が全く見られない。つまり、呂氏の誰が反乱を起こそうとしたのかも全く不明なのである。

このように「諸呂の乱」の過程を見てみると、呂氏が反乱を起こす目的もはっきりしなければ、具体的な動きもない。そうした反乱を指揮するリーダーさえいない。呂氏一族をめぐる政治情勢が益々厳しくなってくる中で、それに気づく者さえいなかった。こうしたことから見れば、呂氏は初めから陰謀を企んでいたとは考えられず、むしろ陰謀にはめられた可能性が高い。

もう一つ注目すべきことは、そもそも呂氏が反乱を企んでいるとの情報は、彼らを憎んでいた斉王の弟劉章の口から最初に出たという事実である。

『史記』巻九呂太后本紀に

劉章有気力、東牟侯興居其弟也。皆斉哀王弟、居長安。当是時、諸呂用事擅権、欲為乱、畏高帝故大臣絳・灌等、未敢発。朱虚侯婦、呂祿女、陰知其謀。恐見誅、乃陰令人告其兄斉王、欲令発兵西、誅諸呂而立。朱虚侯欲従中与大臣為応。

とあり、情報は明らかに劉章から出ている。

呂氏の陰謀を知った劉章は、自分が殺されることを恐れて兄の斉王に挙兵させたと言っているが、実際斉王が挙兵すると彼の身はより危険になるはずである。もし、本当に身の危険を感じるのならば、なぜ近くにいる大臣と共同で対処せずに、遠く離れた斉王に助けを求め、自分はただ「欲従中与大臣為応」だけに止めたのだろうか。後述するように、「諸呂の乱」の過程で、劉章と大臣が事前に協議した痕跡は全く見当たらず、また何よりも重要なのは、劉章の目的は兄の斉王を帝位に就かせることにあったため、彼から流された情報の信憑性は極めて疑わしい。

以上、「諸呂の乱」の目的、参加者及び情報の出所など様々な面から「諸呂の乱」の信憑性について検証した。その結果、呂氏が「乱」を起こす目的と「乱」の参加者は史料から見えてこない。また、「乱」の情報源も疑わしいため、「諸呂の乱」は捏造されたものである可能性が極めて高いと言える。

四　先行研究から見た「乱」の理由

もし、「諸呂の乱」が呂氏によって起こされた「乱」ではなかったとすれば、それは大臣や斉王兄弟によって起こされたものであるとしか考えられない。では、その理由は何だろうか。これまでのところ、「諸呂の乱」が事実ではないと主張する研究者の間でも、この問題に対する見方は様々である。

薄井俊二氏のように呂氏が保守的政策を取っていたため、大臣たちがクーデターを起こしたという見方もあれば(8)、呉仰湘氏(9)のように大臣と諸侯王は呂太后を憎んでいたため、共同で呂氏を殺したとする見方もある。

　先行研究の分析はそれぞれ問題の一面を捉えているものの、いずれも呂太后末期の権力配分の特殊性について分析していない。ここでは、第四章ですでに議論した呂太后が死ぬ前に行った人事について想起されたい。

第二節　少帝弘をめぐる中央の情勢

一　中央における呂氏専権

　これまでの研究では、呂太后死後の少帝期における権力配分について、劉邦期・呂太后期の延長線上でとらえている。大まかに言えばそうであるかもしれないが、権力の核心部分の変化を見落としてはならない。すなわち、呂太后の死後、皇帝権力を行使したのは劉邦や呂太后ではなく、まだ年少の少帝弘であり、また、この少帝を補佐する任を担っていたのは独自の権力基盤を十分に持たない呂産や呂禄らの呂氏であった。言うまでもなく、この点が呂太后亡き後の少帝期の統治とそれ以前の統治との根本的な違いである。

　呂氏の権力についてはこれまでにも研究されてきたが、呂氏には権力があったのかどうか、あったとしたのなら、それはどのような権力であったのかという点については、なお十分明らかにされていない。第四章ですでに触れたように、呂太后は亡くなる前に、呂氏一族に権力を与え、呂禄は上将軍、呂産は相国となり、同時にそれぞれ北軍と南軍を率いるようにした。また、呂禄、呂産が灌嬰を派遣して斉王を鎮圧させようとしたこと、そして、「諸呂の乱」の時、周勃が何よりも先に南北軍を奪おうとしたことなどを併せて考えると、史料に記された呂禄・呂産の官職と彼らの権力が及んだ範囲については疑う余地がなかろう。すなわち、呂太后による人事により、陳平と周勃の二人はともに実権を奪われて、ただの飾りものにされてしまった。このことは周勃が節を持たないと軍門に入ることさえできなかったことによっても裏付けられる。この点から見れば、『史記』によく見られる「呂氏専権」という言葉は恐らく事態を正確に描写しているだろう。しかし、呂氏専権が可能となったのは彼らの職務にそうした権限があるからであり、それは漢の制度によるものであったと考えられる。

二 「諸呂の乱」の原因

第二章で論じたように、呂太后は自らの権力基盤に基づき政局をコントロールすることができた。しかし、呂太后の甥である呂禄・呂産の場合、このような独自の権力基盤を全く持っていなかった。従って、大臣たちから見れば、彼らは劉邦や呂太后とは全く異なる存在である。大臣たちの一部は劉邦と一緒に戦ってきた功臣であり、そのため劉邦や呂太后に対してさえ自分の意志を強要することがあった。呂太后が亡くなる前に、実権が呂氏一族に奪われたことは大臣たちにとって大変屈辱的なことであった。呂氏専権と「諸呂の乱」の関係については、『史記』巻九呂太后本紀の中に

　太尉勃不得入軍中主兵。……絳侯勃乃与丞相陳平謀……紿説呂禄曰、「……」

とあり、また『史記』巻五十七絳侯周勃世家にも

　呂禄以趙王為漢上将軍、呂産以呂王為漢相国、秉漢権、欲危劉氏。勃為太尉、不得入軍門。陳平為丞相、不得任事。於是勃与平謀、卒誅諸呂而立孝文帝。

との記述がある。「太尉勃、不得入軍中主兵」「勃為太尉、不得入軍門。陳平為丞相不得任事。」という部分はいずれも「諸呂の乱」とつながる文脈で書かれていることから、司馬遷は、「諸呂の乱」の原因を周勃らによる権力の

奪還にあると示唆している。[10]

第三節　斉王兄弟と大臣の目的及び少帝弘の身元について

前節では、事件の一方の当事者である呂氏の置かれていた政治情況について検討したが、事件の真相や当時の権力構造を解明するためには、もう一方の当事者である斉王兄弟及び大臣たちの狙いや目的について議論する必要がある。本節ではそれと同時に、事件のその後の展開に大きな影響を与えた少帝の身元についても明らかにしていきたい。

一　斉王兄弟の狙い

斉王劉嚢の父斉悼恵王劉肥は劉邦の庶子であるとされているが、年齢的には一番上の息子であり、長男に当たる存在であった。劉邦は漢帝国樹立後の漢六年（紀元前二〇一年）十二月に、劉肥を斉王に封じた。『史記』巻八高祖本紀六年条に「為斉王、王七十余城、民能斉言者皆属斉」と記されている。周知のように、斉は古くから「東西秦」と言われており、経済的に豊かで、地理的にも恵まれ、面積も広い王国である。嫡子ではないものの、劉邦からかなり厚遇されたことは間違いない。

しかし、呂太后から見れば、恵帝よりも年上で、豊かで広大な土地に封じられた斉悼恵王劉肥は、潜在的に恵帝の地位を脅かしかねない存在であると考えられるのも無理はない。恵帝や少帝など恵帝系皇統を守るために、呂太后はその存命中、斉国の分割縮小に務め、斉国を四つに分けた。[11]そしてこのことが斉王兄弟の不興をかったことは想像に難くない。[12]呂太后の死後、斉王が挙兵して、まず斉国の一部だった琅邪国の軍隊を騙し取り、これを率いてもともと斉の済南郡であった呂国を攻撃し始めた。このことから、封地を分割された斉王の呂太后に対する憎しみがいかに強かったかが読み取れる。しかし、斉王が挙兵した最も重要な理由は、復讐ではなく、帝位を奪うことにあったと考えられる。このことは『史記』巻五十二斉悼恵王世家に

朱虚侯章……乃使人陰出告其兄斉王、欲令発兵西、朱虚侯・東牟侯為内応、以誅諸呂、因立斉王為帝。

と明確に書いており、また『史記』巻九呂太后本紀にも

（朱虚侯）乃陰令人告其兄斉王、欲令発兵西、誅諸呂而立。

というように記されているほか、同様の記述は『史記』に散見している。例えば、『史記』巻五十二斉悼恵王世家に

琅邪王劉沢既見欺、不得反国、乃説斉王曰、「斉悼恵王高皇帝長子、推本言之、而大王高皇帝適長孫也、当立。今諸大臣狐疑未有所定、而沢於劉氏最為長年、大臣固待沢決計。今大王留臣無為也、不如使我入関計事。」斉王以為然、乃益具車送琅邪王。

とある。斉王に拘留された琅邪王劉沢は斉から逃れるために、斉王が帝位を継ぐ資格があること、そして自分は斉王が帝位継承できるように長安に行って大臣たちを説得することを提案した。斉王はこれを聞き、「乃益具車送琅邪王」とした。このことからも、斉王の目的が帝位継承にあったことが分かる。また、後に議論するように、文帝劉恒が即位してから、劉章兄弟に大きな功績があるとして、彼らを顕彰しようとしたが、その後、劉章兄弟が兄の斉王を皇帝に立てようとしていたことを知り、故意に彼らの功績を低く評価した。これらのことも斉王兄弟の目的

が帝位継承にあったことを裏付けており、劉章が兄に挙兵させた目的として「誅諸呂而立」という記載とも一致している。「諸呂の乱」の過程で、斉王以外の諸侯王には明確な動きが見られなかったのに対して、斉王兄弟の動きだけが際立った理由はまさにここにあったと考えられる。

二 大臣の立場

一方、事件で中心的な役割を果たしたのは言うまでもなく中央にいる大臣たちである。これまで見てきたように、呂太后は大臣たちの実権を奪い、強力な諸侯王の力を抑えることによって、少帝の安泰を守ろうとしたが、呂太后の死をきっかけに、少帝弘と呂氏の置かれた情況は一気に悪化した。特に、呂氏は中央の権力を独占していたため、大臣と斉王兄弟の攻撃の目標になった。このように見てくると、「諸呂の乱」は大臣と斉王兄弟の共謀により起きた出来事のように見える。しかし、これだけで「諸呂の乱」を片づけてしまうことには問題がある。その最大の理由は「諸呂の乱」の結果として皇帝まで替えてしまったことである。劉邦が長年の戦いを通じて、漢帝国の基本的な態勢を整え、呂太后の十五年間の統治を経て、呂太后が死ぬ前には天下は劉氏のものだとする観念が既に人々の意識の中に植え込まれていたと思われる。また、劉氏一族に対する封王政策によって、「地、犬牙相制」の形勢ができ上がっており、大臣たちは皇帝を替えることができても、自分たちが皇帝になることは非常に難しい状況になった。従って、皇帝を替えることは必ずしも大臣たちの利益になるとは思えない。なぜなら、現在の皇帝を廃すると、劉氏の諸侯王の中から新しい皇帝を選ばなければならない。しかし、諸侯王が皇帝になると、彼自身の側近を登用することにより、大臣たちが排除される可能性も高い[13]。このため、大臣たちの目的が権力奪回にあるのであれば、彼らにとって、最も有利な選択肢とは、平和的な手段で呂氏を封国に就かせ、自らは少帝弘を補佐することを通じて政局をコントロールすることであろう。それにもかかわらず、なぜ強力な斉王と共謀して呂氏を族殺し、皇帝まで替えてしまったのだろうか。これは政治的打算に長けている大臣として決して賢明な行動であったとは言い難い。

三　少帝弘の身元

「諸呂の乱」の一つの重大な結末として、少帝弘が殺害されてしまった。通説によれば、大臣たちが少帝弘を替えたのは、彼が本当の恵帝の子ではなかったからだとされている。増淵龍夫氏はその名著『中国古代の社会と国家』の中で、大臣たちのことを「呂氏を討って政を劉氏に返した」（二八五ページ）と高く評価している。[14]同氏はここで少帝弘の身元に関する従来の通説をそのまま受け入れて立論していると思われる。しかし、少帝弘は果たして「劉氏」ではなかったのだろうか。この問題に対して、遅くとも清代には従来の通説を否定するような見解が示されている。兪正燮は『癸巳類稿』の中で、少帝弘及びその兄弟たちは恵帝の本当の子供であったと主張し、少帝弘と呂氏が殺害されたことは冤罪であると指摘した。[15]また、梁玉縄は『史記志疑』の中で、『史記』の呂太后本紀と年表における少帝弘及びその兄弟たちの身元に関する記述の前後の違い（事件の前では「後宮子」、事件後では「非恵帝子」としたこと）を検討し、少帝弘らは恵帝の子供であると主張し、さらに『史記』における記述の違いは司馬遷が真相を明らかにすることができない情況の中で、異なる記述をすることによって真実をほのめかしたと結論した。両氏の主張に対して、瀧川資言も賛同する旨を表明している。[16]本章ではこれらの研究を踏まえながら、少帝弘の身元についてより具体的に検証していきたい。

まず、『史記』では少帝弘を明確に「後宮子」と記載している。『史記』巻九呂太后本紀に

呂太后欲王呂氏、先立後宮子彊為淮陽王、子不疑為常山王、子山為襄城侯、子朝為軹侯、子武為壷関侯。……

（呂太后七年二月）立皇子平昌侯太為呂王。

とあるように、少帝恭のほかに、公式に諸侯王になった恵帝の子が六人もいた。その中の襄城侯山が後の少帝弘である。史料では彼も恵帝の「後宮子」であったことを明確に記述している。「諸呂の乱」の前に、諸侯王に封ぜられた恵帝の子供が複数いたのにもかかわらず、わざわざ恵帝の息子ではない少年を皇帝に立てる必要はなかろう。逆に、六人全員が恵帝の子供でないということはなおさら考えられない。

第二に、少帝弘の身元の信憑性についてはライバル関係にあるほかの諸侯王からも認められている。

斉王が帝位を目指して挙兵した時、諸侯王に出した手紙の中で少帝弘のことを「皇帝」と明確に記している。『史記』巻五十二斉悼恵王世家に

於是斉哀王遺諸侯王書曰、「……今高后崩、皇帝春秋富、未能治天下、固恃大臣諸侯。今諸呂又擅自尊官、聚兵厳威、劫列侯忠臣、矯制以令天下、宗廟所以危。今寡人率兵入誅不当為王者。」

とある。もし、少帝弘が恵帝の子でなければ、帝位を目指している斉王は最初から「誅不当為帝者」をスローガンに挙兵した方が目的を達成するのに有利であり、また呂氏が殺されただけですぐ撤退するわけがなく、実の恵帝の子供ではない少帝弘が殺されるまで待つべきであると考えられる。また、呂氏が殺されてから文帝が即位するまでの四十八日間、他の諸王に動きがなかったことから見て、少帝弘が帝位についていたことには正当性があり、彼の身分は諸侯王たちにも認められていたと思われる。

第三に、呂氏が殺された後でも、少帝弘の兄弟らの身元が認められていた。

呂氏が殺された後、大臣らは中央と地方において一連の人事異動を行った。呂氏が殺された同じ日に、劉邦の外

孫張偃（呂太后の娘魯元公主の息子）の魯王は廃された。一週間後の戊辰、少帝弘の弟済川王劉太は梁王に移された。張偃は劉氏でないために廃されたと思われるが、済川王は引き続き王として扱われ、しかもより大きな梁国の王に移動した。こうしたことから、少なくとも「乱」の一週間後の時点まで大臣らは少帝弘及びその兄弟たちの身元を認めていたと言えよう。逆に、その時点まで、少帝弘及びその兄弟たちが本当の恵帝の子ではないことに誰も気づかなかったということはあり得ないだろう。

以上のような議論から、「諸呂の乱」の終息後に突然、少帝弘は恵帝の子ではないとした大臣たちの主張は甚だ疑問であると考えざるを得ない。それは単に少帝弘を替える行為を正当化するための口実であった可能性が極めて高い。従って、少帝弘は恵帝の本当の子供であったと考えるべきであろう。

では大臣たちはなぜ恵帝の子供である少帝弘を替えなければならなかったのだろうか。この疑問を念頭に置きながら、少帝弘の交代と呂氏の死の経緯を検討し、「諸呂の乱」における大臣と諸侯王の関係を明らかにしたい。

第四節　「諸呂の乱」における大臣と斉王兄弟

一　少帝弘の交代

少帝弘の交代と「諸呂の乱」の緊密な関係を何よりも明確に示す史料は『史記』巻九呂太后本紀にある。

諸大臣相与陰謀曰、「少帝及梁・淮陽・常山王、皆非真孝恵子也。呂后以計詐名他人子、殺其母、養后宮、令孝恵子之、立以為后、及諸王、以彊呂氏。今皆已夷滅諸呂、而置所立、即長用事、吾属無類矣。不如視諸王最賢者立之。」

この議論は、明らかに呂氏一族が殺されたという事実にどのように対応すべきかという大臣たちによる内密の話し合いである。この中から少なくとも三つのことを窺うことができる。まず第一に、大臣らが済川王のことを梁王と呼んでいることから、この議論が行われたのは済川王が梁王になった後のことである。上述したように、済川王が梁王になったのは「乱」の一週間後のことであったため、少帝の身元を疑問視し、少帝を替える決断を下したのはさらにその後のことである。第二に、呂氏一族が殺されたことが皇帝を替えなければならない直接の理由とされていることから、大臣たちは呂氏一族が殺されたという事態を受け、一週間以上時間をかけて熟慮した上で、少帝を替える決断を下したことが読み取れる。逆に言えば、呂氏一族を殺害しなければ必ずしも皇帝を替える必要もなかったことを示唆している。第三に、少帝を替える本当の目的は大臣たちが自身の安全を守ることにあった。「即長用事、吾属無類矣」とは、明らかに大臣たちが皇帝の親族を皆殺しにしたため、皇帝が成長した後には自分たちの命が危なくなるであろうことを示している。これがまさに皇帝を替えねばならない理由である。

皇帝を替えることは大臣たちにとって政治的に大変危険なことであり、自らの安全が脅かされるようなやむを得ない情況でない限り、皇帝を安易に替えるようなことはしなかったはずである。それでは、皇帝を替えるきっかけとなった呂氏一族の殺害はなぜ起きたのだろうか。この点を究明するために、まず事件の当事者であり勝利者でもある大臣と斉王兄弟がそれぞれどのような目的で事件に参加し、事件の中で両者はどのような関係にあり、それぞれどのような役割を果したのかについて検討する必要がある。

二　大臣と斉王兄弟

第一節で触れたように、斉王が挙兵したとき、劉章兄弟は「欲従中与大臣為応」とされる。ここで注意すべきなのは、「欲」の字である。この字はあくまでも「したい」という意味で、実際には劉章兄弟が大臣とどのように相談し斉王を支援したのかについて史料には何の記述もない。逆に、周勃や陳平ら主要な大臣が事件の起きる前に斉王兄弟と何の相談もしていなかったことが以下の史料から確認できる。『史記』巻五十二斉悼恵王世家に

灌嬰在滎陽、聞魏勃本教斉王反、既誅呂氏、罷斉兵、使使召責問魏勃。勃曰、「失火之家、豈暇先言大人而後救火乎。」因退立、股戦而栗、恐不能言者、終無他語。灌将軍熟視而笑曰、「人謂魏勃勇、妄庸人耳、何能為乎。」乃罷魏勃。

とある。文中の「魏勃本教斉王反」の「反」は明らかに「反乱」の意味である。斉王は「誅不当為王者」とのスローガンを掲げて、高祖の約を守る姿勢をとったが、それにもかかわらず、中央の許可なしの行動であったため、灌嬰は斉王の挙兵を「反乱」と決め付けた。もし、最初から斉王が大臣と共謀していたのなら、あるいは、途中で両者が協議して連合したのならば、斉王の行動は「反乱」ではなく、「共同作戦」となったはずである。しかし、灌嬰は斉軍が撤退した後、斉王挙兵の最初の計画者魏勃に対して非常に怒り、わざわざ魏勃を呼びつけて詰問した。灌嬰の詰問に対する魏勃のたとえの話の返答「失火之家、豈暇先言大人而後救火乎。」との言葉から、斉王が挙兵する前に大臣たちに連絡しなかったことは明らかである。また、灌嬰と魏勃のやり取りから、両者には事前の協議もなければ事件中の共謀もなかったことがわかる。ただ、呂氏を排除するという点において双方の妥協が成立しただけである。確かに斉王挙兵後、大臣たちが呂禄から軍権を騙し取ったが、それは決して斉王の支援を目的とするものではなかった。事件後において大臣たちが斉王を皇帝に立てようとしなかったことも、彼らが斉王と連合していなかった証拠である。

これだけではなく、長安城における大臣と劉章兄弟の動きもこのことを裏付けている。事件当日、動きはまず呂氏の方から出た。情報を聞いた周勃は急いで行動を起こして北軍を掌握したが、劉章と弟の東牟侯劉興居はまだそ

うした動きを知らなかった。周勃が南軍を掌握しようとしたとき、報告を聞いた陳平は初めて劉章を派遣して周勃を手伝った。一方、東牟侯劉興居は最後まで行動に参加しなかった。このようなことから見て、長安にいる大臣と劉章兄弟の間には事前の打ち合わせがなかったことが確認できる。このことは極めて重要な意味を持っている。なぜなら、斉王兄弟を代表する劉章と大臣たちの間に事前の打ち合わせがないことは、呂氏をどのような方法で排除するかに関して共通の認識が得られていなかったことを意味している。そのため、双方の行動は単にそれぞれの判断で行われ、しかもそれは相手の了解を得たものではなかった可能性が高い。

三 呂氏一族の死と劉章

呂氏一族の死について、『史記』巻九呂太后本紀にある次の史料に注目したい。

太尉尚恐不勝諸呂、未敢訟言誅之、乃遣朱虚侯謂曰、「急入宮衛帝。」朱虚侯請卒、太尉予卒千余人。入未央宮門、遂見産廷中。日餔時、遂撃産。産走。……逐産、殺之郎中府吏廁中。朱虚侯已殺産、帝命謁者持節労朱虚侯。朱虚侯欲奪節信、謁者不肯、朱虚侯則従与載、因節信馳走、斬長楽衛尉呂更始。……

この史料から分かるように、呂産と呂更始はともに劉章の手によって殺された。これまでの研究では、それは劉章の勝手な行動ではなく、周勃たちの意志でもあると理解されているが、果たしてそうだろうか。史料には確かに太尉「未敢訟言誅之」と書かれているが、「敢」であったかどうかは周勃しか知らないことであり、他人の知ることではない。しかし、「未言誅之」であったことは間違いない。また、周勃は劉章に入宮させる際、はっきりと「急入宮衛帝」と言った。にもかかわらず、劉章は入宮するなり呂産を殺して、さらに無理やり謁者の車に乗り込み長楽宮に突入し、呂更始を殺した。このことから次の二点が言えるのではないかと思われる。一つは、周勃ら大臣たちは必ずしも呂氏一族を殺害するつもりはなかった。二つめは、劉章は周勃の命令がないまま勝手に呂産を殺し、しかも他の呂氏一族も積極的に殺害していった。このような劉章の行動を説明するためには、劉章兄弟の目的を想起されたい。前述したように、劉章兄弟は斉王を帝位に就かせることを狙っていた。まさにこの目的のために、劉章は周勃の命令がないにもかかわらず勝手に呂氏を殺してしまったのではないか。なぜなら、斉王兄弟は目的を達成するために、最終的には少帝を廃さなければならないが、その前にまず少帝を補佐する呂氏一族を排除しなければならなかったからである。

次に周勃の行動について考察してみよう。結果から見れば、周勃は呂産が殺されたことを受け入れたが、しかしこのことは必ずしも周勃が初めから呂氏一族を殺そうとしていたことを意味しない。なぜなら、大臣たちが権力を取り戻すために取った手段は呂氏を騙すという比較的穏便なやり方であり、彼らを捕まえたり殺したりするようなことはしなかった。呂産が劉章に殺されるまで、大臣たちには呂氏を殺そうとする動きは見られなかった。特に、周勃はすでに北軍を手に入れたにもかかわらず、数人の側近しか伴わずに未央宮の中をうろついていた呂産を捕える指令さえ出さなかった。こうしたことから、大臣たちは必ずしも初めから呂氏一族を殺害するような形での権力奪取を目指していなかったのではないかと思われる(17)。事実、呂禄を含む呂氏一族が殺されたのは次の日であったことから、周勃たちは、呂産と呂更始が殺されてから初めて呂氏一族を殺さねばならないと判断した可能性が高い。

以上の考察から分かるように、周勃をはじめとする大臣たちは呂氏の排除を謀っていたものの、呂氏一族を皆殺しにしようとまでは考えていなかった。本節の冒頭で示した大臣たちの議論からも分かるように、呂氏一族を殺害すると、少帝弘まで替えなければならなくなり、これが大臣たち自身にとっても非常に危険なことは十分承知していたはずである。これに対して、劉章は斉王を帝位に就かせるために、呂氏一族を殺さなければならなかった。劉章は陳平の命令により周勃を手伝ったが、必ずしも周勃の命令通りに行動したとはいえず、むしろ、自らの目的を達成するために勝手に動き出したように思われる。その結果、呂産と呂更始が殺され、呂氏一族も殺されてしまったのである。

四　「諸呂の乱」における大臣同士の関係と地方諸侯王

これまでの検討により、「諸呂の乱」の際、大臣と斉王兄弟が共謀していなかったことが明らかになったが、ここでは大臣の間及び大臣と他の諸侯王との関係を検討してみたい。

①　曹窋の失脚

「諸呂の乱」の後の、平陽侯曹窋の処遇は非常に不思議なものであった。『史記』巻九呂太后本紀に

八月庚申旦、平陽侯窋行御史大夫事、見相国産計事。郎中令賈寿使従斉来、因数産曰、「王不蚤之国、今雖欲行、尚可得邪。」具以灌嬰与斉楚合従、欲誅諸呂告産、乃趣産急入宮。平陽侯頗聞其語、乃馳告丞相・太尉。太尉欲入北軍、不得入。襄平侯通尚符節。乃令持節矯内太尉北軍。……然尚有南軍。平陽侯聞之、以呂産謀告丞相平、丞相平乃召朱虚侯佐太尉。太尉令朱虚侯監軍門。令平陽侯告衛尉、毋入相国産殿門。「呂産不知呂禄已去北軍、乃入未央宮、欲為乱、殿門弗得入、裴回往来。平陽侯恐弗勝、馳語太尉。太尉尚恐不勝諸呂、未敢訟言誅之、乃遣朱虚侯謂曰、「急入宮衛帝。」……

とある。この史料から分かるように、「諸呂の乱」の時、平陽侯曹窋は御史大夫であった。呂氏を排除するために、彼は陳平と周勃の間を積極的に駆けまわった。特に、呂産と賈寿の使者の会話を周勃らに伝えたことは、呂氏を排除するきっかけとなった。本来ならば、彼の行動は高く評価され、事件解決の功労者とされるはずである。しかし、文帝による封賞の時、曹窋の名前はなかった。それだけではなく、事実上、曹窋は御史大夫の地位から解任されて

しまった。これは今まで見逃されてきた重要な事実である。『史記』巻五十四曹相国世家に

平陽侯窋、高后時為御史大夫。孝文帝立、免為侯

とされているが、高后八年後九月に群臣が代邸で文帝の即位を請願した時は既に「御史大夫張蒼」となっており、また、『史記』巻二十二漢興以来将相名臣年表と『漢書』巻十九百官公卿表にも高后八年の御史大夫は張蒼とされている。これらの史料を併せて考えると、曹窋が御史大夫を解任されたのは文帝が即位してからではなく、呂氏一族が殺され、文帝が即位するまでの四十八日間のことであると考えられる。この想定が正しければ、曹窋を解任したのは言うまでもなく当時の実力者である周勃たちだったであろう。では呂氏一族の排除に大きな功績を残した曹窋がなぜ解任されたのだろうか。唯一考えられるのは文帝が即位するまでの間に、次の皇帝を誰にするかをめぐって大臣たちの間で派閥抗争が起こったのではないかということである。曹参は八年間斉の相国を務めた人物であり、曹窋も父親について斉で八年間生活しているので、後の斉王劉襄兄弟と親密な関係にあった可能性は十分考えられる。このため、曹窋は帝位継承の問題で斉王を支持し、周勃たちと衝突して失脚した可能性がある。周勃はかつて二年間に亘って代で陳豨の反乱を鎮圧し、代王やその母方の薄氏一族とは一定の関係を持っていたので、彼は代王劉恒を擁立しようとしたのではないかと考えられる。

このように、大臣たちは呂氏を排除するという点において意見が一致していたものの、誰を次の皇帝に立てるかをめぐって激しく対立したものと思われる。

② 「諸呂の乱」の時の諸侯王

呂氏が殺された後、大臣たちは密かに代王劉恒を皇帝に迎えようとした。『史記』巻十孝文本紀に

丞相陳平、太尉周勃等使人迎代王。代王問左右郎中令張武等。張武等議曰、「漢大臣皆高帝時大将、習兵、多謀詐、此其属意、非止此也、特畏高帝・呂太后威耳。今已誅諸呂、新啑血京師、此以迎大王為名、実不可信。願大王称疾勿往、以観其変。」

という議論が見られる。ここから、代王劉恒とその臣下たちの間には中央の大臣たちに対する強い不信感が存在していたことが分かる。この点は、呂太后の大臣たちに対する感情と相通じるところがある。また、代王劉恒は帝位に就くまでに、群臣に議論させ、占いをし、母方の叔父薄昭を先に長安に派遣して大臣たちの真意を確かめるなど極めて慎重な行動をとった。このことから、「諸呂の乱」の前に代王劉恒と中央の大臣たちとの間に何の連絡もなかったことが分かる。また、斉王が挙兵する前に諸侯王に対して声明状を出したが、彼らに対して挙兵を呼びかけておらず、しかも、諸侯王で斉王に呼応して動いたものもいなかった。このことから、諸侯王間の連合もなかったと考えられる。

以上の検討により、斉王の挙兵をきっかけとして、大臣たちの長年の不満が噴出したことが「諸呂の乱」の真相であったことが分かったが、呂氏一族を殺すこと、そして皇帝を替えるということについて大臣同士、大臣と諸侯王、そして諸侯王の間には何の共謀もなかったことが窺える。

③ 斉王一族が帝位に固執した理由

前漢前期において、地方の劉氏諸侯王の中で際立った動きが見られるのは斉王の一族である。「諸呂の乱」に斉王劉襄兄弟が深くかかわったほかに、文帝期には当時の斉王劉襄の弟劉興居が反乱を起こし、景帝期になると、有名な「呉楚七国の乱」が起きたが、そのうちの済南王劉辟光、淄川王劉賢、膠西王劉昂、膠東王劉雄渠はいずれも斉王劉襄の兄弟である。なぜ、斉王一族は数十年にもわたり反乱を繰り返したのだろうか。

呂太后の時期に次のようなこともあった。『史記』巻九呂太后本紀恵帝二年（紀元前一九三年）条に、

二年、楚元王、斉悼恵王皆来朝。十月、孝恵与斉王燕飲太后前、孝恵以為斉王兄、置上坐、如家人之礼。太后怒、乃令酌両卮酖、置前、令斉王起為寿。斉王起、孝恵亦起、取卮欲倶為寿。太后乃恐、自起泛孝恵卮。斉王怪之、因不敢飲、詳酔去。問、知其酖、斉王恐、自以為不得脱長安、憂。

とある。恵帝が斉悼恵王劉肥を兄として家族の礼に従って上座に座らせただけで、呂太后は怒って劉肥を毒殺しようとした。なぜ、呂太后は劉肥が恵帝よりも上であるとすることに対してこれほど神経質になったのだろうか。

考えられる仮説として一つ挙げられるのは、劉肥がもともと劉邦の嫡長男だったのではないか、というものである。もしこれが正しければ、本来劉肥は劉邦の帝位を継ぐ有力候補の一人だったのである。この点は呂太后が最も気にしていたことであり、家族の礼に従って恵帝に譲られたとはいえ、劉肥が上座に座るということは呂太后にとって絶対に許せないことであった。また、同様にこの仮説が成り立つならば、劉肥の息子斉王劉襄は劉邦の嫡長孫に当たり、「諸呂の乱」によって恵帝系皇統が排除された後、彼は帝位を継承する最有力候補となる。つまり斉王は帝位を目指して挙兵し、呂氏一族を追い落としたが、功臣たちが代王を後継としたために目的を達することができなかった。斉王一族がこの結果に納得できなかったことは容易に想像できる。これが、のちに斉王一族が反乱を繰り返した理由ではないかと思われる。

それでは、斉悼恵王劉肥は果たして劉邦の嫡長男だっただろうか。『史記』巻五十二斉悼恵王世家に

斉悼恵王劉肥者、高祖長庶男也。其母外婦也、曰曹氏。

とある。ここにある斉悼恵王劉肥の母が「外婦」であるとの記載は正しいものであろうか。この問題を究明するに

は、劉邦が呂太后と結婚した時の年齢が一つの手がかりになると思われる。ただし、劉邦の年齢や劉邦と呂太后が結婚した時の年齢は史書には明確に示されていないため、限られた間接的な史料に基づき推測するしかない。

劉邦と呂太后の間には娘の魯元公主と息子の恵帝がいる。『漢書』巻二恵帝紀に「帝年五歳、高祖初為漢王」とあることから、漢元年（紀元前二〇六年）に恵帝は五歳であったことが分かる。漢五年（紀元前二〇二年）に、姉の魯元公主は張敖と結婚した。[18]ところで『漢書』巻二恵帝紀六年（紀元前一八九年）条には「女子年十五以上至三十不嫁、五算」とある。つまり、十五歳から三十歳までに結婚しなかった女性に対して税金を重くする、という。普通の人の税金は一算（一二〇銭）、商人と奴婢は二算であるため、[19]十五歳から三十歳までの未婚の女性にかける五算という税金がいかに重いものであったのかが分かる。これは恵帝期の法律であるが、それより前の時代に女性が十五歳前後で結婚することはごく当たり前のことであったと考えられる。この推測が正しければ、漢五年の時点で、魯元公主の年齢はせいぜい十五歳前後で、恵帝は九歳前後であったと推測できる。すなわち、恵帝と姉の年の差は最大六歳前後であり、高祖十二年（紀元前一九五年）、劉邦が亡くなったときに恵帝は十七歳だったので、姉の魯元公主は二十三歳前後だったと推測される。

このような年齢の計算から何が分かるだろうか。劉邦が亡くなった年齢については五十三歳と六十二歳の二説があるが、たとえ五十三歳で亡くなったという説を採用しても、呂太后との最初の子供である長女魯元公主が生まれたときには、劉邦はすでに三十歳前後になっていたと推測される。換言すれば、劉邦が呂太后と結婚したときには少なくとも三十歳近くになっている。この時代には、よほど貧しい家庭でなければ、男性は遅くとも二十歳までに結婚するのが一般的であったので、[20]三十歳近くになっても未婚であったとは考えにくい。そのため、劉邦が呂太后と結婚したときには、すでに劉肥の母曹氏と結婚していた可能性が極めて高い。

『史記』では、劉肥の母曹氏のことを「外婦」と記し、劉邦と婚姻状態になかったことを示している。しかし、この記述は信憑性が薄いように思われる。仮に劉邦が独身でありながら曹氏との間に息子が生まれ、しかもその子をわが子と認めているのならば、彼が曹氏と結婚しないのは不自然に感じられる。また、もしこのとき劉邦に本妻がありながら曹氏を「外婦」としていたのならば、その本妻とは一体誰だったのだろうか。史書に劉邦の本妻に関する記述が一切ないのは理解に苦しむ。こうしたことから考えると、当時の劉邦はすでに曹氏と婚姻状態にあったと考えるのが妥当であろう。ただし、曹氏は劉邦が貧しい頃の妻であり、その実家に大きな影響力がなかった可能性が高い。そのため実家の影響力の大きい呂太公[21]の娘である呂太后と結婚してから、曹氏のことがないがしろにされたのではないかと思われる。

『史記』や『漢書』の中に、曹氏に関する記述はほとんどなく、劉肥に関する記述も彼が斉王になって以降のものしかない。そのため、曹氏が劉邦の嫡妻であったとする仮説を厳密に検証することは極めて難しい。しかし、以下の史料から間接的にこの仮説を裏付けることは可能であると思われる。

「諸呂の乱」の時、斉王劉襄は琅邪王劉沢を騙して軟禁した。劉襄のもとから逃れようとした劉沢は次のように斉王を説得した。

「斉悼恵王高皇帝長子、推本言之、而大王高皇帝嫡長孫也、当立。今諸大臣狐疑未有所定、而沢於劉氏最為長年、大臣固待沢決計。今大王留臣無為也、不如使我入関計事。」斉王以為然、乃益具車送琅邪王。（『史記』巻五十二斉悼恵王世家）

劉沢の述べていることのうち、斉王劉襄にとって最も説得力があったのは「斉悼恵王高皇帝長子、推本言之、而大王高皇帝適長孫也、当立。」という言葉であろう。もし、史書にあるように、曹氏が外婦、つまり正式な妻でなければ、劉肥やその息子たちは外婦の子孫として皇帝の地位を強く望むことはないだろうし、劉沢から「嫡長孫」

と言われても素直に信用しないだろう。しかし、劉沢に「嫡長孫也、当立」と言われた斉王劉襄は「以為然」とし、劉沢の言うことを信用し、彼を釈放した。このことから、斉王劉襄は自分が嫡長孫であると思っていたことが分かり、また劉沢もそれを知っていただけでなく、まさにその点をうまく利用したのである。

このような事情から、劉邦は曹氏との息子で本来なら嫡長男である劉肥を地理的・経済的に恵まれた土地である斉国の王としたのは納得できる。また、同じような事情から、劉肥は呂太后から強く警戒され、その子斉王劉襄らも後に文帝や景帝から厳しく警戒され、また抑制されたのである。これらのことは曹氏がもともと嫡妻であったということを理解すれば納得できることである。

それでは、なぜ史書において曹氏は「外婦」とされ続けてきたのだろうか。それはそう書かざるをえない事情があったからだと推察できる。「諸呂の乱」以降、漢帝国の皇帝はいずれも文帝の子孫となった。曹氏が劉邦の嫡妻であったことを認めると、それは斉王一族が劉邦の嫡長男・嫡長孫であることを認めることになり、文帝系皇統の正当性が否定されてしまう恐れがある。そのため、曹氏のことや斉王に封ぜられる前の劉肥のことについては史書から完全に抹殺されたのであろう。

第五節　「諸呂の乱」をめぐる動き

本節では、前節までに検討してきた大臣と斉王兄弟の「乱」における行動をもとに、大臣と斉王の関係にしぼって「諸呂の乱」の経緯とそれが正当化された理由について検討したい。

一 「諸呂の乱」の経緯

まず、これまでの考察に基づいて考えれば、「諸呂の乱」の経緯は概ね以下のようなものであると考えられる。呂太后が亡くなった後、幼い少帝弘が遺され、呂氏一族がそれを補佐するという状況になると、長安にいた斉王の弟劉章と劉興居は、自分の兄を帝位に就かせる絶好のチャンスだと考え、呂氏が乱を起こそうとしている、との口実で斉王に挙兵させた。すなわち、斉王兄弟は最初から呂氏だけではなく、少帝弘まで排除するつもりでいた。一方、当時呂禄が上将軍として北軍を統率し、呂産は相国として南軍を統率していたため、大臣たちにはほとんど実権がなかった。大臣たちは常に呂氏から権力を取り戻す機会を窺っていたが、具体的な計画があったわけではなく、また少帝弘をどのように扱うかについても考えが一致していなかった。そのようなときに起こった斉王の挙兵と灌嬰の出征は、大臣たちに権力を取り戻す絶好のチャンスを与えた。軍隊を手に入れた灌嬰は滎陽に到着後、人を遣わして周勃と相談した結果、長安にいる大臣が呂氏を排除することを条件に斉王を撤退させることにした。

長安にいる大臣たちは呂禄と親しい酈寄を使い、呂氏が自ら進んで権力を譲るようにと説得させた。しかし、その結果を待っている間に、郎中令賈寿の使者が呂産のもとへ行き、灌嬰が滎陽に軍隊を止めたとの情報を伝え、至急未央宮に入るように促した。たまたまその場に居合わせた御史大夫曹窋は斉王一族とは旧知の仲であり、急いで周勃に報告して呂産の入宮を阻止しようとした。周勃は呂禄から北軍の将軍印を騙し取って北軍を完全に掌握し、御史大夫曹窋を通じて未央宮の衛尉に呂産を殿門に入れないようにと命じた。しかし、未央宮衛尉は呂太后によって任命された人物であると思われるため、呂氏と結託しないという保証は何もない。このため、周勃は呂氏を憎んでいた劉章を派遣し、呂産の入殿を固く阻止しようとした。しかし、劉章は周勃の命令なしに勝手に呂産と呂更始を殺してしまった。帝位を目指している劉章兄弟からすると、これは当然のことである。なぜなら、彼らの最終目標は兄を帝位に就かせることなので、少帝弘を廃さなければならず、その前にまず少帝弘を補佐する呂氏を殺す必要があったからである。しかし、大臣の側から見れば、この劉章の行動により、当初想定していなかった呂氏一族とその側近だけでなく、少帝弘まで殺さなければならないという大事件に発展してしまった[22]。というのは、大臣たちから見れば、少帝弘の同意なしに勝手にその祖母一族を殺害することは、少帝弘が成人になった際には許されないからである。

このように、大臣と斉王兄弟はお互いに相手を牽制しながら、相手の行動をきっかけとして利用し、事件の発展を自らにとって有利なように動かそうとした。その結果として、呂氏一族が族殺され、最終的に少帝弘とその兄弟まで殺さなければならないという結末にいたった。この事件は大臣と斉王兄弟の双方にとってそれぞれ異なった意味で思わぬ結果となった。斉王は皇帝になることができず、また、後述するように最大の功労者であった周勃は権力を長く保持できず、封国に就かなければならなかったのである。

「諸呂の乱」における大臣と斉王兄弟の関係を究明することにより、漢初の権力構造に関わる以下のことが明らかになったと思われる。呂氏一族にとっては、外戚としての権力の基盤は少帝弘との親戚関係にある。少帝弘が皇帝である限り、自らの地位と権力を確保することが可能であるため、少帝弘の地位を守ることが最大の目的であり、劉氏に替わって自ら皇帝になろうとすることはその目的ではなかった。ただし、外戚として幼い皇帝を守るためには、自分たちが強い権力を握らなければならない。このために呂氏は諸侯王と大臣の攻撃対象となった。それは、呂氏一族は斉王が求める帝位と大臣らが求める権力をすべて握っていたからである。大臣たちは呂氏を排除する一方、諸侯王も抑えようとしている。と言うのも大臣たちの目的は実権を取り戻すことにあり、呂氏の殺害や皇帝の交替は必ずしも望んでいなかったからである。なぜなら諸侯王の誰が皇帝になっても、以前の側近を重用し、自分たちはやはり排除されてしまう可能性があるからである。一方、斉王兄弟にとっては、少帝を廃して初めて自分たちが皇帝になれる可能性が出てくるのであり、その前にまず呂氏を排除する必要がある。このことはまさに劉章が呂氏を殺害した理由である。その結果、大臣たちは少帝までも替えざるを得なくなった。このことから、大臣と斉王兄弟は呂氏の排除という点で一致していたが、呂氏一族の皆殺しや皇帝の廃立の点では衝突することになった。

二 「諸呂の乱」が正当化された理由

上述したように、いわゆる「諸呂の乱」は呂氏一族が起こした「乱」ではなく、中央にいる大臣たちと斉王兄弟が起こしたクーデターであるので、「誅呂の乱」とでも言うべきである。しかし、二千年以上もたった今日でも、諸呂が「乱」を起こしたとする説は依然として定説のままである。事件の真相はなぜ隠され続けてきたのか。また、なぜ、呂氏一族と少帝弘が殺害されたことが正当化されてきたのだろうか。

まず、斉王兄弟について見てみよう。事件後、彼らは目的を達成できなかっただけでなく、挙兵の目的が皇帝位に就くためであったことが文帝に知られたので、大臣たちから約束された劉章兄弟の趙・梁二国への封王が取り消され、その代わりに斉国の二郡を分割してそれぞれ劉章と劉興居の王国とされた。もとの斉国が三つに分けられてしまった。これに対して斉王兄弟には当然不満があっただろう。しかし、事件を起こした張本人である彼らが「諸呂の乱」が虚構であったと主張することはできない。もしそうすれば、自らの挙兵の正当性が失われてしまい、その地位さえ危うくしかねないからである。

次に大臣について見ると、有力者の周勃・陳平・灌嬰は呂氏の排除と皇帝の交替に関わったため、「諸呂の乱」における自らの行動を正当化しなければならない。この中で、一番難しい立場に立たされたのは周勃である。第六節で考察するように、周勃は事件の中心人物であったため、文帝から警戒され、その結果、投獄までされてしまった。しかし、それでも周勃は自ら事件の真相を語ることができない。呂氏を殺すつもりも、また皇帝を替えるつもりもなかったと言うのならば、それは文帝を迎えるつもりがなかったということになり、文帝の不興を買うであろうことは言うまでもない。このため、仕方なく、最初から呂氏の殺害と皇帝交替の正当性を主張したのであろう。他の大臣も多かれ少なかれ周勃と同じような立場に立っていたものと考えられる。

そして、最も重要な原因は何と言っても文帝にある。文帝が代王として長安に入った時、少帝弘はまだ在位していた。呂氏の殺害は勿論、皇帝を替えることを正当化しないと、文帝が皇帝に即位する正当性がなくなってしまう。このため、文帝自身もその正当性を求めている。このことは、文帝が下した次の詔書から読み取れる。『史記』巻十文帝本紀によると、文帝が即位した当日の夜の詔書に

間者諸呂用事擅権、謀為大逆、欲以危劉氏宗廟、頼将相列侯宗室大臣誅之、皆伏其辜。

という。ここでの呂氏の罪はまだ漠然としていたが、その四日後に下した詔書には、すでに事実と食い違う事件の歪曲が行われている。

呂産自置為相国、呂禄為上将軍、擅矯遣灌将軍嬰将兵撃斉、欲代劉氏……太尉身率襄平侯通持節承詔入北軍……

ここでは、呂太后が死ぬ前に呂産と呂禄を相国と上将軍に任命しているにもかかわらず、文帝は呂産と呂禄が自ら任じたと決めつけた。これ以降、この自己任命説が定説となり、『史記』巻二十二漢興以来将相名臣年表と『漢書』巻十九百官公卿表の二表とも呂産が相国のポストに就いたことを記載していない。また、呂禄・呂産は当時の皇帝が幼い中で、国務を司っていたのであり、彼らは斉王の反乱に対処する方法を決めるべき立場にあったにもかかわらず、文帝は二人が「欲代劉氏」とした。そして、呂禄から北軍の軍権を騙し取るとき、襄平侯紀通は勝手に皇帝の節を持ち出し、皇帝の命令と偽って周勃を北軍に入れたのにもかかわらず、文帝はここで故意にその行動を

「持節承詔」と説明している。文帝はここで呂氏の罪を偽造して公にしてしまった。その一方、大臣の行動は可能な限り美化している。このように、「諸呂の乱」は大臣や斉王兄弟らの証言を経て、最終的に文帝によって正当化され、定説となった。ここで強調すべきことは、文帝以後の皇帝はすべて文帝系の子孫であり、自らの正統性を守るためにも、「諸呂の乱」の真相を明らかにすることはできなかった。しかし、事件を正当化することとは別に、新皇帝である文帝は内心ではこの事件、そしてこの事件によって自らが複雑な立場に置かれていることに対して常に強い恐怖心を抱いていた。『史記』巻二十五律書に

会呂氏之乱、功臣宗室共不羞恥、誤居正位、常戦戦慄慄、恐事之不終。

とある。これは文帝が謙虚で、自分の能力が足りないためにうまく国家を管理できないことを憂いていると解釈されているが、別の観点から見れば、これはまさに文帝が第二の少帝になることを恐れている本音ではないかとも解釈できよう。文帝は残酷な「諸呂の乱」の最大の受益者であるが、同時に帝位継承の経緯から大臣と諸侯王の恐ろしさについても痛感した。このため、常に恐怖心を抱き、皇帝位を保つことができるかどうか、不安を感じていたに違いない。

第六節　「諸呂の乱」の影響——文帝の対応策を中心に——

文帝が即位した時には、大臣たちと諸侯王の勢力が極めて強かったため、大変難しい立場に立たされていたことは一般的に認められているが、文帝と両者の対立をもたらした直接の原因やその対立の緊迫度についてはこれまでほとんど注目されてこなかった。筆者はその直接の原因は「諸呂の乱」にあるのではないかと考えている。前述し

たような経緯で即位した文帝は、正統性に欠けるため、呂太后期にはすでに落ち着いていた諸侯王の動きが再び活発化した。また、皇帝を替えるほどの力を持つ大臣に対して、文帝は強い警戒心を抱いていた。そのため、文帝が即位してから、帝位を守るために様々な方策を取った。以下では、大臣と諸侯王の境遇からこれらの方策を検討してみよう。

一　周勃の失脚と陳平の選択

周勃は、文帝を皇帝に擁立した最大の功労者であることは言うまでもない。しかし、文帝は周勃に対して表面上褒賞しながら、内心では強い警戒感を持っていた。文帝が即位してから約一ヵ月後、周勃は文帝に殺されるのを恐れて、丞相印を返納して辞任した[23]。その一年後に、陳平が亡くなったために再び丞相に任命されたが、十ヵ月足らずで丞相の位を解かれ封国に就かされた[24]。そして、

歳余、毎河東守尉行県至絳、絳侯勃自畏恐誅、令家人持兵以見之。（『史記』巻五十七絳侯周勃世家）

というように、河東守尉が絳に来る度に、殺されるのではないかと恐れていたとされる。実際、最後にはやはり謀反の罪で投獄されてしまい、さんざん苦しめられた後、薄太后の要請によりようやく釈放された。文帝は、すでに中央から離れている周勃に対してなぜこのような態度を取ったのだろうか。これまでの研究でも、周勃に関するこのような事実はあまり注目されておらず、文帝と周勃の関係についても、主に周勃を封国に就かせたという史実に注目し、若い皇帝と実力を持つ老臣との対決という視点から議論が展開されていた。これは確かに一つの見方ではあるが、しかし、文帝が即位してから一月足らずで周勃が丞相印を返納しなければならなかったということは、両者の間に何か重大な対立があったものと思われる。私見によれば、これはすべて「諸呂の乱」と関係している。少

帝が健在であるにもかかわらず、周勃をはじめとする大臣や諸侯王は、その祖母の一族を皆殺し、最終的には皇帝まで替えた。外戚を殺したことはともかくとして、皇帝を替えるほどの力を持っていた周勃は、地方からやってきた文帝にとって大きな脅威であったに違いない。なぜなら、同じような災いがいつ自分に降りかかってくるか分からないからである。このため、文帝は表面上大臣を優遇したが、機会あるごとに彼らを排除しようとした[25]。一方、周勃は、文帝が「諸呂の乱」における自らの行為をよく思っていないことを察したため、常に文帝に殺されるのではないかと心配したのではないだろうか。このように、「諸呂の乱」に由来する両者の間の不信感が周勃の不運な境遇をもたらしたのではないか。

一方、周勃とは対照的に、政治的臭覚の鋭い陳平は「諸呂の乱」において、裏では様々な動きを見せたものの、表には全く顔を出さなかった。また、文帝の即位後に右丞相を周勃に譲った。その理由として、

高祖時、勃功不如臣平。及誅諸呂、臣功亦不如勃。願以右丞相譲勃。

この話は美談として二千年間語り継がれてきたが、実のところ、これは陳平の権謀に長けたところを示すものであろう。なぜなら、劉邦の時代に大きな功績を挙げたことは、劉邦の子孫なら誰でも評価するはずであるが、劉氏の皇帝まで殺害してしまった「諸呂の乱」で大きな功績を挙げたことは、文帝に恐れられる存在となるからである。このため、陳平は高祖の時代における自らの功績を強調する一方、「諸呂の乱」における周勃の功績を強調することによって、文帝の自らに対する警戒感を打ち消そうとしたのではないだろうか。

二　斉王劉襄と淮南王劉長

「諸呂の乱」によって、文帝は思いもよらなかった帝位を手にした。このことは、文帝期の対諸侯王政策にも強

い影響を与えたと思われる。文帝は即位すると、四種類の人々を褒賞した。①文帝擁立に貢献した功臣、②文帝が代より連れてきた旧臣、③劉邦時代からの旧功臣、④淮南王劉長と斉王劉襄の母方叔父。これら四種類の人々のうち、最初の三種類への褒賞は理解できるが、最後の淮南王と斉王の母方叔父に対する褒賞については議論の余地がある。(26) なぜなら、彼らに対する褒賞は「諸呂の乱」と強く関連していると考えられるからである。上述したように少帝は功臣と地方諸王によって替えられたのであり、文帝には自分が少帝の二の舞とならないように、これらの勢力を取り込む必要があった。諸侯王の母方の叔父は諸侯王に対して最も影響力を行使できる存在である。(27) 淮南王劉長は劉邦の末子であり、斉王劉襄は劉邦の長孫である。帝位継承権の順位で言えば、この二人は最も皇帝位に近い存在であり、帝位を守るためには、この二つの王国を安定させなければならなかった。ただし、諸侯王の母方の叔父を封侯することは、一時的な安定にしかつながらず、ライバルが自然に消えるわけではない。ところが、文帝にとって幸運なことに、これらの諸侯王が次々と死んでしまったのである。

文帝が即位したその年に、斉王劉襄が亡くなった。死因は記録されていない。二年後、斉王の弟済北王劉興居は、文帝が匈奴に遠征した機会をとらえて反乱を起こしたが逆に殺されてしまった。さらにその一年後、城陽王劉章も亡くなったが、やはり死因は記録されていない。(28)「諸呂の乱」で活躍した斉王ら三兄弟が短い間に相次いで亡くなったのは恐らく偶然ではなく、文帝と何らかの関係があると推測される。

斉王兄弟の死因については明確な証拠がなく、推測するしかないが、淮南王劉長の死については、明らかに議論の余地がある。史書によれば、淮南王劉長は文帝六年には謀反を謀ったものの、文帝の恩赦により殺されずに蜀へ遷され、その移送の途中で病死したという。しかし、淮南王劉長の死については多くの疑問がある。

『史記』巻百八淮南衡山列伝に、淮南王劉長の反乱について

（文帝）六年（紀元前一七二年）、令男子但等七十人与棘蒲侯太子奇謀、以輂車四十乗反谷口、令人使閩越、匈奴。事覚、治之、使使召淮南王。淮南王至長安。

とある。七十人で輂車四十乗だけで反乱を起こすとは到底考えられないし、もし本当に反乱を起こしたのならば、皇帝の詔に従って長安に行くはずもなかろう。それでは、なぜ淮南王劉長は反乱の罪を押し付けられなければならなかったのだろうか。それは恐らく淮南王劉長が、文帝以外に残されていた唯一の高祖の息子であり、文帝にとって帝位を争う最大の脅威だったからであろう。そのため、少帝の二の舞にならないために、淮南王劉長に罪を押しつけたのではないだろうか(29)。

これまでの先行研究では劉氏諸侯王を劉氏集団として見てきた。例えば、薄井俊二氏は、文帝による淮南王劉長と斉王劉襄の母方叔父に対する封侯は、自分の近親として封侯したと考えているようである(30)。しかし、本章の分析から分かるように、諸侯王などからなる劉氏集団は、劉邦以降の劉氏皇帝にとっては、むしろ最も危険な存在に変わってしまったのである。

おわりに

本章では、「諸呂の乱」における大臣と斉王兄弟の関係を中心に、具体的な史実を検証することによって、実際には呂氏が「乱」を起こしていなかったことを明らかにした。いわゆる「諸呂の乱」の実行者は実は周勃をはじめとする大臣と斉王兄弟であった。しかし、両者の間では事前の共謀はなかった。事件当日の動きは大臣と斉王兄弟の双方ともに突発的なものであり、双方がお互いに相手を利用しながら自らの目的に沿って行動した結果、事件がエスカレートしていき、ついには呂氏一族が皆殺しにされ、さらに恵帝系の少帝とその兄弟たちまですべて殺されなければならない事態に至った。

このような「諸呂の乱」とその結末は、その後の文帝期の政策に大きな影響を与えた。そのため、文帝期の政策や事件を考察する場合には、「諸呂の乱」の影響を一つの重要な要素として考慮しなければならない[31]。また、これまで、劉邦との間に任侠的精神による結びつきのあった功臣たちは、危険に晒された劉氏皇統を支え、天下を呂氏から奪い返したとされている。しかし、本章の分析から分かるように、功臣たちは劉氏のためというより、自分たちの権力や利益のために「諸呂の乱」を起こし、しかも、劉邦の子孫でもある少帝とその兄弟たちまで殺してしまった。このことから、前漢初期の歴史研究におけるいわゆる任侠理論の有効性を再検討する必要があると言えよう。

歴史は勝者の書いたものであるとよく言われるが、前漢初期における歴史はまさに当時の権力者に都合のよいように書き換えられた典型である。どうしても抹殺しきれない事実が史書における記述の混乱や矛盾として現れてくる。これこそ、歴史の真実を明らかにする重要な手がかりなのである。

注

（1）呉仰湘「漢初誅呂安劉之真相辨」（『湖南師範大学社会科学学報』一九九八年一期。）

（2）呂思勉『秦漢史』（上海古籍書店、一九八二年）を参照。また、宮崎市定氏は『中国史・上』（岩波書店、一九七七年）の中で、「諸呂の乱」は大臣たちのクーデターであると指摘している。

（3）「諸呂の乱」の具体的な過程は第二章第一節の史料3を参照。

（4）「諸呂の乱」に関する史料は『史記』と『漢書』でほぼ同じである。記述上の相違がある部分については、引用する際にすべて検討してから使うことにしている。特別に明記する以外、史料はすべて『史記』から引用される。

（5）『史記』巻九呂太后本紀を参照。

（6）『史記』巻五十二斉悼恵王世家に

哀王三年、其弟章入宿衛於漢、呂太后封為朱虚侯、以呂禄女妻之。後四年、封章弟劉興居為東牟侯、皆宿衛長安中。

とある。

（7）『史記』巻九呂太后本紀に

八月庚申旦、平陽侯窋行御史大夫事、見相国産計事。郎中令賈寿使従斉来、因数産曰、『……』具以灌嬰与斉楚合従、欲誅諸呂告産、乃趣産急入宮。……（劉章）入未央宮門、遂見産廷中。日餔時、遂撃産。

とある。この史料から、呂産は「旦」に、郎中令賈寿の使者と会って、灌嬰が斉王と連携したことを知ったが、午後になってやっと未央宮に入った。「旦」は朝のことで、「日餔」は午後四時頃であることから、「旦」から「日餔」まで少なくても八時間以上経過している。

（8）薄井俊二「恵帝の即位——漢初政治における外戚の役割——」（『埼玉大学紀要』（教育学部・人文・社会科学）第四十一巻第一号、第二号、一九九二年）。薄井氏は「諸呂の乱」について以下のように分析した。恵帝系皇統は「高祖政治の遵守」という保守的な性格を持っており、政治情勢の変化に新しい対応策を打ち出せないことから、反対勢力が諸呂及び少帝を殺した、と。しかし、薄井氏の論旨の中にはひとつの矛盾点が含まれている。薄井氏は恵帝系皇統の保守性を述べる一方、「高祖が定めた路線から踏み出そうとすると、老臣たちを中心に強い反対の声が上がる」ともしている。すなわち、恵帝系皇統の保守性に対して、老臣たちは回避することができない責任を持っている。それなのに、なぜ、老臣たちは恵帝系皇統の抹殺に踏み切ったのだろうか。薄井氏の主張ではこの矛盾を解消できないため、異なる視点から検討する必要がある。

（9）注1参照。

（10）ここで注目されるのは、『漢書』ではこの部分がすべて削除されていることである。『漢書』では、「諸呂の乱」に関する記載はほぼ『史記』と同じであるが、この概略的な文章だけが削除されている。それはこの部分の記述に事件の因果関係がはっきりと記されているからではないかと考えられる。『史記』ではこの二つの文章で周勃たちがクーデターを起こした理由を明らかにしているが、これらの文章をなくすと、クーデターを起こした本当の目的が見えなくなってしまう。このように、後漢になると、「諸呂の乱」に関する歪曲は一層深刻になったと言えよう。

（11）『史記』巻九呂太后本紀に

（恵帝）二年（紀元前一九三年）、楚元王、斉悼恵王皆来朝。十月、孝恵与斉王燕飲太后前、孝恵以為斉王兄、置上坐、如家人之礼。太后怒、乃令酌両卮酖、置前、令斉王起為寿。斉王起、孝恵亦起、取卮欲倶為寿。太后乃恐、自起泛孝恵卮。斉王怪之、因不敢飲、詳酔去。問、知其酖、斉王恐、自以為不得脱長安、憂。乃用其内史勲計、献城陽郡、以為魯元公主湯沐邑。

とある。斉王劉肥は命を守るために、自国の一郡を割譲して呂太后の娘に献上した。その後、呂太后元年（紀元前一八七年）に「高后立其兄子酈侯呂台為呂王、割斉之済南郡為呂王奉邑」、また、呂太后七年（紀元前一八一年）に「高后割斉琅邪郡立営陵侯劉沢為琅邪王。」（『史記』巻五十二斉悼恵王世家）というように次々と斉の領地を切り取った。

(12) 呂太后の生前より、劉章は既に呂太后への敵意を露わにしている。例えば、呂太后が開いた宴会で、劉章は呂氏を殺す旨をほのめかす歌を歌ったり、呂氏の一人が飲むべき酒を飲まなかっただけで殺したりしたとの逸話がある（『史記』巻五十二斉悼恵王世家）。

(13) 次の皇帝に誰を選ぶのかについて、大臣たちが最も重視したのがまさにこの点であった。その結果、斉哀王劉襄と淮南王劉長はいずれも「母家悪」という理由で見送られた。「母家悪」とは外戚が権力を振るうことであり、彼らが皇帝になった場合、呂氏一族と同じように、大臣たちの権力を奪い取る可能性が大きいと考えられた。このため、比較的「仁孝寛厚」「太后家薄氏謹良」とされた代王劉恒が選ばれたのである。しかし、このような代王劉恒でさえ、入京後すぐ郎中令、衛将軍、車騎将軍などの重要ポストに代国から連れてきた側近を任命した。

(14) 増淵龍夫『中国古代の社会と国家』（岩波書店、一九九六年）、第二篇第二章「漢代における国家秩序の構造と官僚」二八四—二八五頁参照。

(15) 俞正燮『癸巳類稿』巻十一「漢少帝本孝恵子考」に

子弘実孝恵子、群臣立文帝、故強称「少帝及梁淮陽常山王皆非真孝恵子也。呂后以計詐名他人、殺其母養後宮、令孝恵子之、立以為後。」

とある。

(16) 瀧川資言『史記会注考証』（北岳文芸出版社、一九九九年）参照。

(17) もちろん、穏便な形で権力を取り戻してから呂氏に何らかの罪を着せて殺害するという可能性は否定できないものの、少なくとも権力を取り戻す過程で呂氏を殺害することは考えていなかったのではないだろうか。

(18) 『史記』巻八十九張耳陳余列伝を参照。

(19) 『漢書』巻二恵帝紀六年条應劭の注によると

……漢律人出一算、算百二十銭、唯一賈人与奴婢倍算。今使五算、罪謫之也。

とある。

(20) 中国の史学者楊樹達は『漢代婚喪礼俗考』（上海古籍出版社、二〇〇七年）の中で、戦国の後期から、各国は人口を増やすため、結婚の年齢を早めるようにさせ、そのため漢代では、男子十五から十六歳、女子は十三から十四歳で結婚するのが普通であったとする。

(21) 呂太后の父呂太公は大きな影響力を持った任侠の大物であった。彼は罪を犯し追われる身でありながら、沛令の下に逃げてきて盛大なもてなしを受けたことからこの点が読み取れる。詳細については、楠山修作「呂公についての一考察」(『東洋文化科学年報』第十号、一九九五年)、佐竹靖彦『劉邦』(中央公論新社、二〇一〇年)参照。

(22) 藤田勝久氏は「『史記』呂后本紀にみえる司馬遷の歴史思想」(『東方学』第八十六輯(一九九三年))の中で、司馬遷は最終的に、呂氏一族の興亡の理由を「天」に帰した、としている。この見解は基本的に肯定できるものである。筆者は、司馬遷が呂氏一族の滅亡の理由を明確に述べることができなかったため、曖昧な「天」に帰したのではないかと考えている。

(23) 周勃が丞相を返上した経緯について『史記』巻五十七周勃世家に以下のように記されている。

文帝既立、以勃為右丞相、賜金五千斤、食邑万戸。居月余、人或説勃曰、「君既誅諸呂、立代王、威震天下、而君受厚賞、処尊位、以寵、久之即禍及身矣。」勃懼、亦自危、乃謝請帰相印。

(24) 周勃が一度相印を返納し辞任したにもかかわらず、文帝はなぜ再び彼を丞相に任命し、十ヵ月足らずで再び免職したのだろうか。恐らく周勃は辞任後も他の諸侯と同じように長安に暮らしており、文帝にとって相変わらず大きな脅威であった。しかし、文帝は理由なく周勃を強制的に封国へ帰らせることができないので、一旦丞相に就任させて、その後、丞相は諸侯帰国(自らの領地に帰ること)の手本になるべきだという名目で、半強制的に周勃と他の諸侯を国に就かせたのではないだろうか。

(25) 実は、文帝は周勃をはじめとする老臣を褒賞すると同時に、その勢力を抑制する方策をとった。「諸呂の乱」の後、大将軍灌嬰は長安に帰ってくると太尉に任命されたが、一方で側近の宋昌を衛将軍として長安の軍隊を率いさせ、母方の叔父薄昭を車騎将軍に任命し、郡国の車騎を掌握したことで、軍の実権を自らの手に握った。

(26) 「諸呂の乱」の原因としてよく挙げられる理由は、呂太后が「非劉氏不得封王、非軍功不得封侯」といういわゆる「白馬の盟」を破ったからだとされる。しかし、もしそれが真の原因であるなら、それを知るはずの文帝が実際に軍功のない諸侯王の叔父を封侯するということはあり得ない。つまり、「白馬の盟」は単なる口実として利用されているに過ぎないことを示している。

(27) 当時、劉氏諸侯王はそれぞれの王国に住んでいるため、母方の叔父が彼らの指南役的な存在であり、その影響を受けやすかったと考えられる。

(28) 『史記』巻五十二斉悼恵王世家には文帝が即位した後の斉に関する次のような記録がある。

孝文帝元年、尽以高后時所割斉之城陽・琅邪・済南郡複与斉、而徙琅邪王王燕、益封朱虚侯、東牟侯各二千戸。是歳、斉哀王卒、太子立、是為文王。斉文王元年、漢以斉之城陽郡立朱虚侯為城陽王、以斉済北郡立東牟侯為済北王。二年、済北王反、漢誅殺之、地入於漢。

このように、文帝は斉王の兄弟を王・侯にすることで、斉国を分割した。また、劉章の死について『史記』巻十孝文皇帝本紀には

文帝三年四月、城陽王章薨。

としか記していない。

(29) 淮南王の死について、『史記』巻百十八淮南衡山列伝によると、当時、「一尺布、尚可縫。……兄弟二人不能相容」という歌謡が流行った。これは恐らく淮南王の死の真相を歌っているのではないかと思われる。この歌に対して、文帝は「天下豈以我為貪淮南王地邪」と言ったという。文帝は確かに淮南王の土地を欲しがるわけはないが、淮南王が生きていることが文帝にとって脅威であったことは想像に難くない。

(30) 薄井俊二「漢の文帝について――皇帝としての権威確立問題、及び対匈奴問題をめぐって――」(『埼玉大学紀要教育学部（人文・社会科学）』第四十四巻第一号、一九九五年)。

(31) 例えば、布目潮渢氏は「呉楚七国の乱の背景」(『和田博士還暦記念東洋史論叢』講談社、一九五一年)の中で、斉王系統の子孫がこの乱に多く参加したことに注目している。

終　章　本研究の結論と前漢史研究における意義

本書では、呂太后の権力基盤、統治方法、呂太后期の権力配分及び「諸呂の乱」をめぐる呂氏一族、功臣、劉氏諸侯王の動きを検討することにより、呂太后期の中央における権力構造の解明を試みた。これまでの各章における一連の考察により、この時期における中央の権力構造の輪郭が浮き彫りになった。最終章では、本研究のこれまでの考察をまとめ、前漢史研究における本研究の意義を述べたい。

第一節　本研究の要約

一　呂太后の権力基盤と統治方法

呂太后が前漢初期の政治の舞台で活躍することができたのは皇后または皇太后の身分によるものだと一般的に考えられてきたが、本書第一章の分析から分かるように、彼女は劉邦の挙兵から漢帝国の樹立までほとんど功績がなかった。しかも劉邦から寵愛されていなかったため、皇后の地位を手に入れたのは長兄周呂侯呂沢の軍事力によるところが非常に大きかった。そして、皇后としての地位は呂太后にその後の政治活動を展開する資格を与えた。漢帝国樹立以後、劉邦は頻繁にしかも長期間長安を離れたため、呂太后はこの皇后の身分により直接国政に関与していった。その過程で、彼女の能力は大臣たちに認められ、彼らとの間に強い信頼関係を築き上げた。皇后または皇太后としての身分はもちろんのこと、彼女自身の優れた決断力と行動力、二人の兄をはじめとする親族の影響力、そして彼女と大臣たちとの信頼関係は彼女独自の権力基盤となった。このような権力基盤があったからこそ、呂太后は息子劉盈の太子としての地位を保全することができただけではなく、劉邦死後の十五年間権力を握り続けることが可能であったのである。

この十五年間、激しく揺れ動く政治情勢の中で、呂太后の権力基盤は徐々に弱体化してきた。そのたびに、呂太后は自らの権力基盤を強化すべく様々な措置を取った。その中でも最も重要なことは、一貫して大将軍の任命を始めとする軍権の掌握に努めたことである。前漢の大将軍は常設のポストではないが、主に皇帝の亡くなった後あいは新皇帝が即位したばかりの混乱期に皇帝の側近が任命され、都長安の南北軍を含むすべての軍事力を掌握した。ゆえに、大将軍は政権のあり方に重要な影響を与える存在である。

一方、これまでの研究では、呂太后期の統治がどのように行われていたのかについて必ずしも明らかにされてこなかった。一般的な見方では、呂太后は強い権力欲を持ち、皇帝を凌駕する大きな権力を振るったとされている。またその結果として、彼女の居住した長楽宮が政治の中心となったと考えられてきた。しかし、本書第二章の分析から分かるように、当時の最も重要な軍隊は北軍であり、この北軍は少帝の住む未央宮を守る軍隊であった。このことから、当時の政治の中心は呂太后の住む長楽宮ではなく、少帝の住む未央宮であった。そのため、呂太后期における統治は皇帝を中心とし、大将軍を支柱として展開されていたことが明らかになった。

二　官僚任用原則と権力の配分

漢帝国を維持運営していくためには、数多くの官僚を任用しなければならない。どのような人物を官僚に任用するかによって、政権運営のあり方や権力の配分に大きな影響を与えるものである。これまでの研究では、前漢初期における官僚の任命について「厳格な功労原則によって論功行賞し、位と職務を定めた」と主張されているが、本書第三章の分析により、軍功に基づく官僚任用の原則は劉邦期において存在しなかったことが明らかになった。同じく布衣の身分から身を起こし、一緒に戦ってきた劉邦とその仲間たちとの関係は、漢帝国が樹立してから一転して天子と臣下という主従関係に変わってしまった。劉邦にとって、このような転換は帝国の統治上欠かせないものであるが、武将たちにとってそれは必ずしも素直に受け入れられるものではなかった。このことは劉邦にとって脅威であることは言うまでもない。そのため、劉邦は軍功の高い武将を抑え、文臣を重用する政策を取った。前漢初期の三公九卿の中に、軍功の高い侯が少なく、逆に秦吏出身者が多かったことから、当時の三公九卿の任用はそれぞれの職位に見合う専門知識や能力に基づいて行われており、こうした能力本位の官僚任用はこの時期における統治政策の一つの重要な柱であることが明らかになった。

劉邦がこのような政策を取ったのは「知人善任」という彼の一貫した姿勢に基づく。戦争の時代には戦いに秀でる武将や参謀を多く任用したが、平和な時代になると、国家の統治に必要な法律や制度に詳しい人材を多く登用しなければならない。これはまさに「馬上で天下を取ることはできるが、馬上で天下を統治することができない」という時代変化に対応した劉邦の柔軟な姿勢の表れである。

呂太后期には、能力本位の官僚任用政策と武将抑制政策は基本的にそのまま受け継がれた。第四章における三公九卿に関する分析からこれらのことは基本的に確認できる。ただし、呂太后期には劉邦期と異なる事情があったために、官僚任用方法にもこの時期特有のやり方も存在した。それは劉邦の死後、十七歳の恵帝が即位したことによる変化である。中央では弱い君主に強い大臣という関係が生じ、地方では、従来皇帝の支持勢力だった劉氏諸侯王が劉邦の死をきっかけに皇帝の潜在的な競争相手へと変わった。そのため、この時期の政治運営は劉邦期とは比べものにならないほど難しくなった。さらに呂太后にとって不幸なことに、強力な後ろ盾であった次兄の建成侯呂釈之や妹婿で大将軍だった樊噲が相次いで亡くなり、そして恵帝七年には、呂太后の権力基盤の拠りどころであった恵帝も二十三歳の若さで亡くなった。このような権力基盤の弱体化に伴い、呂太后期の権力配分は大きく変わってしまった。

具体的には、呂太后は劉邦期から受け継がれてきた武将抑制政策の一環として、最初は戦功第一位とみなされていた功臣曹参を相国に任命し、武将たちと妥協する姿勢を見せたが、自分の権力基盤が弱まると、相国を廃し丞相権を分割し、快快派の王陵を右丞相とし、同時に信頼する陳平を左丞相に任命した。そして、武将との間のバランスを保つために、周勃を太尉とした。しかし、恵帝の死により呂太后の権力基盤は一段と弱体化したため、丞相権を王陵から取り上げて腹心の審食其に与え、また信頼関係があったと思われる任敖を御史大夫として起用した。最後に、自分の死ぬ前に、孫の少帝と呂氏一族を守るために、究極の賭けとして軍と行政の最高権力をすべて自分の甥の呂禄と呂産に与えた。このような呂氏一族への権力集中は、武将だけではなく、文臣からも大きな反発を招き、その結果として「諸呂の乱」が起きてしまった。この意味で、「諸呂の乱」は劉邦期と呂太后期の二十余年間に鬱積した皇帝や呂氏一族に対する不満が一気に爆発したものと言えよう。

三　「諸呂の乱」の真相

「諸呂の乱」に関するこれまでの先行研究では、いくつかの例外を除けば、基本的に史書に示された見方をそのまま受け入れている。つまり、呂氏一族が呂太后死後、劉氏の天下を奪い取るため「乱」を起こそうとしたが、事前に大臣や劉氏諸侯王が察知し、呂氏一族を皆殺しにしたことで、劉氏の天下が守られた、という構図である。しかし、本書第五章の分析から分かるように、いわゆる「諸呂の乱」とは全く虚構のものであり、その真相は、地方の斉王劉襄と中央の大臣たちがそれぞれ皇帝の地位と政治権力を手に入れるために起こしたクーデターであった。

事件前の呂氏の行動から分かるように、彼らには「乱」を起こす理由もなければ、具体的な準備や計画も見られず、事件当日にも乱を起こそうとする動きは全く見られなかった。それどころか、彼らは大臣たちに怯えていたことが史料から読み取れる。一方、斉王とその兄弟は呂太后の死をチャンスと見なし、自ら皇帝になろうとして挙兵し、呂氏の排除を公然と要求した。これに対して、中央にいる大臣たちは、呂氏が灌嬰に斉王を鎮圧させようとしたことをきっかけに軍隊を手に入れ、呂氏を排除する行動に出た。しかし、大臣たちのクーデターに加わった斉王の弟劉章が勝手に呂氏を殺し始めたことから、事件がますますエスカレートし、結果として、呂氏一族が皆殺しにされ、最終的に恵帝の息子である少帝とその兄弟たちも全員殺されてしまった。この事件によって、それまでに続いてきた恵帝系皇統が終わり、その後の皇帝はいずれも文帝の子孫となった。このことは漢帝国内部における王朝の交替と言えよう。

この事件の真相を解明したことにより、以下の三点が明らかになった。第一に、呂氏は「乱」を起こそうとしておらず、また呂氏は劉氏の天下を奪い取ろうともしていなかった。第二に、事件によって呂氏は排除されたが、事件の首謀者たちは必ずしも目的を達成できなかった。斉王は皇帝になることができず、周勃をはじめとする大臣たちも長く権力を握ることができなかった。両者ともに文帝から警戒され、その後不幸な運命を辿ることとなった。第三に、「諸呂の乱」が起きてから今日までの二千年あまりの間、乱の真相が隠され続けてきた。これは恐らく中国歴史上最も長く続いた冤罪の一つだったと言えよう。事件の真相を解明することによって前漢初期の歴史を本来の姿に戻すことができる。

四　呂太后期の権力構造

「諸呂の乱」の経緯と結末から、呂太后期には、国家権力の中心に皇帝や呂太后がいるが、その周りに、功臣集団、劉氏集団と呂氏集団の三つの権力集団があったことが分かる。

功臣集団は漢帝国の樹立過程で必然的に現れてきた集団である。彼らは漢帝国の樹立に卓越した功績を残し、また軍事や行政において優れた能力を持ち、しかも膨大な数の人々が含まれるため、非常に大きな力を有する勢力である。この集団と皇帝との関係は、協力と反発という二つの側面を持っている。というのは、漢帝国が樹立したことにより、彼らは功臣として政治的権力と経済的利益を手に入れた。そのため、彼らは漢帝国を守る重要な支持勢力である。一方、功臣集団内部における政治的権力と経済的利益の配分方法いかんにより、彼らが皇帝側に反発する可能性もある。とりわけ、もともと対等であった劉邦との関係が、帝国樹立により一転して君主と家臣の関係へと変わったことに対して、功臣たちは素直に受け入れることができなかった。また、劉邦と一緒に勝ち取った「天下」を管理する政治権力が十分に与えられなかったことに対して、功臣たち、とりわけ武将たちは不満を持っていた。このような功臣集団の二面性は劉邦の時期からすでに現れてきたが、呂太后期になると、この二面性は顕著に後者に傾いた。功臣たちはその功績により、皇帝である劉邦の前でさえ大きく振る舞った。そのため、劉邦期から功臣抑制策が取られるようになったが、これは当然功臣たちの不満を招いた。この抑制策は呂太后期にも引き継がれたため、功臣たちの不満がいっそう高まったのは言うまでもない。このような功臣たちに対して、呂太后は弱まりつつある自らの権力基盤を強化しながら対抗していかねばならなかった。

劉氏集団は劉氏諸侯王を中心とする地方勢力で、人数は多くないものの、諸侯王として国土面積の半分ほどを支配していた。劉氏集団は、現皇帝との関係によって二面性を持っている。劉邦が皇帝である限り、劉氏諸侯王はいずれも劉邦の子孫や親戚であるため、彼らは皇帝の強力な支持勢力であった。とりわけ、中央の功臣集団や皇帝の周りにいる呂氏集団などの異姓勢力にとって、劉氏諸侯王は大きな牽制勢力となっていた。一方、恵帝期になると、その立場が大きく変化した。劉氏の天下を守るという点においては、恵帝と劉氏諸侯王は一致するが、劉氏の天下が犯されない限り、地方にいる劉氏諸侯王は恵帝にとって潜在的な帝位競争者となりうる。この点において、彼らの間には強い対立関係がある。このような関係は恵帝が即位した時点から始まり、少帝期になると一層強くなった。そのため、呂太后にとっては、自らの子孫である恵帝系皇帝の地位に挑戦する可能性のある有力な諸侯王を抑える必要があった。

呂氏集団は呂太后を除くその一族のことを指すが、外戚として権力の唯一の拠り所は皇帝との血縁関係である。皇帝が在位する限り、自らの地位と権力を確保することが可能であるため、現皇帝の地位を守ることが最大の目的であり、自らが皇帝になろうとすることは決してその目的ではなく、しかもその可能性もほとんどなかった。従って、呂太后や恵帝・少帝にとっての呂氏集団は、中央にいる功臣集団と地方にいる劉氏集団を牽制する、最も信頼できる権力集団であった。ただし、この集団は人数的にも、能力的にも功臣集団に敵うものではなく、しかも、この集団を利用すればするほど、功臣集団や劉氏集団の反発を招く危険性がある。

呂太后期におけるこのような権力構造は、呂太后自身の権力基盤の弱体化に伴って徐々に変化してきた。とりわけ、中央においては、国家権力が文臣たちによって握られていたが、それが徐々に呂太后に近い人物の手に移されるようになり、やがて帝国の樹立にほとんど功績のなかった呂氏集団が重用されるようになった。特に、呂太后の死ぬ前には、中央の行政権と軍事権がすべて呂氏集団に委譲され、彼らが宮廷内から宮廷外、そして全国の行政と軍の最高権力を握るようになったのである。このことにより、呂氏集団はすでに不満を持っていた武将たちだけではなく、文臣たちからも強く反発されるようになった。また、呂太后の死をきっかけに、呂氏集団の力がいっそう弱まり、少帝弘を支える強力な後ろ盾がなくなった。そのため皇帝権力は地方諸侯王のうち最大の勢力を持つ斉王からの挑戦を受けることとなった。「諸呂の乱」とはまさに、呂太后期から続いてきた権力構造が大きく崩れる中で起きた出来事であった。

第二節　前漢史研究における本研究の意義

本研究では呂太后期における権力構造を解明しようとしたが、その過程で、これまでの通説と異なる様々な史実、とりわけ呂氏一族とかかわりのある史実を明らかにすることができた。呂太后とその一族は漢帝国の樹立前から「諸呂の乱」までほぼ一貫して権力の中枢にあり、当時の重要な人物や事件に様々な形で関わっていた。そのため、この時期における様々な史実を究明することにより、前漢初期の多くの出来事について深く理解することができる。本節では、これらの研究成果の前漢史研究における意義について検討したい。

一　呂太后と劉氏の関係

前述したように、従来の前漢史研究では、呂太后期はあまり重要視されてこなかった。また、この時期を対象とした研究でも、『史記』や『漢書』の影響により、基本的には呂太后対劉氏（劉邦と劉氏諸侯王）、呂太后対功臣、といった対立の構図の中で議論されている。しかし、本研究から分かるように、これは呂太后と劉氏や功臣との関係の一側面に過ぎず、この両者との関係のすべてではない。事実、呂太后は劉邦の信頼のもとで劉邦期からすでに国政に関与しており、劉氏の天下を確立するのに大きな功績を残した。つまり、彼女は決して劉邦の敵対者ではなく、むしろ劉邦の最も信頼できる協力者であった。特に、恵帝系劉氏の天下を守るという点においては、呂太后は劉邦と一心同体の存在であった。

確かに、息子劉盈の皇太子の地位をめぐって呂太后は劉邦と激しく対立したが、劉盈の皇太子としての地位が確定して以降、両者の根本的な対立はもはや存在しなくなった。それはすなわち劉邦の天下を守ることが将来の劉盈の天下を守ることに繋がるからである。また、劉邦の死後、帝位は恵帝・少帝に受け継がれたため、それを守ることは呂太后と呂氏一族の利益を守ることになる。そのため、呂太后には、劉氏の天下を呂氏のものにするという発想はあり得なかった。なぜなら、呂氏の天下にするとは最終的に甥たちの天下にすることを意味するが、正統性を有する我が子や孫の地位を犠牲にし、大きな政治的リスクを冒してまで甥たちの利益を求めることは常識的に考えられないからである。

劉氏諸侯王との関係において、呂太后は硬軟両方の計略を用いた。恵帝や呂氏一族の地位を脅かしたか、あるいは脅かそうとした諸侯王を殺害し、そうでない諸侯王に対しては懐柔策を取った。例えば、呂太后によって殺された趙隠王如意は、皇太子時の恵帝の地位を脅かした。趙幽王劉友は呂太后に対して「呂氏安得王。太后百歳後、吾必撃之」と言ったため、呂太后に殺された。また、少帝恭も呂太后に対して「后安能殺吾母而名我、我未壮、壮即為変」と言ったため、呂太后により殺害された。また呂太后は斉悼恵王劉肥に脅威を感じた時、彼を殺そうとしたが、劉肥が従順な態度を取ると彼を許した。その他の六人の劉氏諸侯王（劉邦の弟の楚王劉交、甥の呉王劉濞、息子の燕王劉建、趙共王劉恢、代王劉恒、淮南王劉長）に対して、呂太后は危害を加えることはなかった。

一方、呂太后は恵帝及び少帝の地位に脅威とならない劉氏諸侯王に対しては懐柔策を取った。その最も代表的なやり方は呂氏一族の娘を劉氏諸侯王やその兄弟たちと結婚させることである。例えば、呂太后期に大将軍になった劉沢や上述の劉章、二人の趙王劉友と劉恢の王后はいずれも呂氏一族の娘である。このことからも分かるように、呂太后は劉氏に取って替わろうとしたのではなく、劉氏と婚姻関係を結ぶことによって呂氏一族の地位の永続化を図ったのである。

二　呂太后と大臣の関係

呂太后と大臣たちとの関係についても、これまでの研究では『史記』や『漢書』の影響により、両者の対立のみ強調されてきた。これもかなり一面的な見方である。こうした見方を取る限り、前漢前期の歴史を客観的に捉えることは難しい。本書の分析から分かるように、恵帝が亡くなるまで、呂太后と大臣たちの関係は決して悪くなかった。呂太后は確かに韓信や彭越などの功臣を殺しているが、これは彼らの存在が劉氏の天下を脅かしたからであり、そうした危険性のない蕭何や張良、陳平、周昌などの功臣たちとの関係は非常に良好であった。まさにこのような良好な関係があるからこそ、恵帝は皇太子としての地位を全うすることができたのである。また前漢初期のような政治情勢の不安定な時期に、劉邦死後、呂太后による十五年間に及ぶ実質的な統治が可能になったのは大臣たちの支持と協力があったからである。こうした支持と協力は両者の間にあった信頼関係に由来する。

しかし、晩年になると、呂太后と大臣たちの間には激しい対立が生じた。恵帝の早すぎる死により、呂太后の権力基盤が大きく損なわれてしまい、次兄呂釈之や妹婿の樊噲の相次ぐ死がそれにさらに追い打ちをかけた。このような相次ぐ親族の死は呂太后に計り知れない政治的、精神的な打撃を与えたことは容易に想像できる。このような状況の下で、呂太后は次第に内向きになり、官僚の任用も能力から個人的な信頼関係に移り、最終的には自分の親族しか信用しなくなった。呂太后と大臣たちとの対立はこの時期に頂点に達した。しかし、この時の状況から呂太后と大臣の関係の全体像を考えるのは必ずしも適切ではなく、両者の関係は呂太后の権力基盤の変化に応じて動態的に捉えなければならない。

三　文帝期の研究について

文帝期に関する研究において、これまで「諸呂の乱」と関連付けた研究はほとんど行われてこなかった。しかし、本研究での議論から分かるように、文帝の即位は「諸呂の乱」という大きな流血事件をきっかけとして、大臣たちの思惑により実現したものである。従って、文帝の即位には初めから正統性の問題が付きまとった。このことは文帝期における中央と地方諸侯王との関係に大きな影響を与え、また当時の様々な政策や事件の原因となった。また、少帝が大臣たちによって殺害されたことなどから、文帝は大臣たちを大変警戒し、その力を抑制するために様々な政策を取った。このように、「諸呂の乱」の結果として文帝が即位したため、文帝期における政策の多くがこの事件と深いかかわりがあったと考えられる。従って、文帝期の諸問題を研究する際には、「諸呂の乱」の影響を一つの重要な要素として考慮しなければならない。

四　前漢史の区分について

前漢史の区分について、これまで、劉邦期から景帝期までを前漢初期、武帝期からは前漢中期に入るとの見方がすでに通説となっているが、以下の三つの理由から、前漢初期の区分について再検討する必要があると思われる。まず、本節の一で指摘したように、呂太后は劉邦期からすでに国政に重要な役割を果たし、恵帝期と少帝期を含め二十年以上も政治の表舞台に立っていたことから見て、劉邦期と呂太后期は一貫性と同質性の高い時期である。次に、文帝期は「諸呂の乱」を経た時期であり、この時期においては従来と異なる様々な政策が採用されるようになった。最後に、第五章における議論からも分かるように、「諸呂の乱」以降、文帝と文帝の子孫が皇帝位を継いでおり、まさにそのために文帝が高宗と尊ばれた。この意味で、文帝の即位は劉氏内部における王朝交替とみなすことができ、劉邦期、呂太后期とは質的な違いがあった。例えて言えば、劉邦期と呂太后期を漢王朝の序曲とするなら、文帝期から初めて主題曲に入ったのである。このようなことから、劉邦期と呂太后期をひとつの時期とし、後の時代とは区別して研究すべきではないかと思われる。

五　劉邦集団について

司馬遷が『史記』の中で劉邦とその仲間からなる劉邦集団を一枚岩のように扱って以来、劉邦集団に対するこのような見方はほとんど変わっておらず、今日における前漢の歴史に関する多くの研究の中でも、相変わらず「劉邦集団」を一つの利益集団として議論してきた[1]。しかし本書における分析から分かるように、劉邦集団も他の政治集団と同じように、様々な勢力によって構成されており、文臣と武将の違い、出身地の違い、個々人の性格や価値観の違い、そして劉邦との関係などにより、様々な利害集団に分けることができる。共通の敵が存在する場合には、劉邦集団は一つの集団として行動するが、共通の敵がいなくなると、この集団内部の各勢力が自らの利益を求めて異なる方向に動き出すことが十分考えられる。事実、劉邦期から呂太后期にかけて、様々な人が様々な形で政権に協力したり、対立したりしていた。呂太后が三公を任用する際、まさにそうした劉邦集団内部の対立や矛盾を利用し、お互いに牽制させたりしながら統治したのである。このことから、前漢初期に関する研究では、劉邦集団の内部にまで踏み込んでより詳細に、しかも動態的に議論する必要がある。

六　「三権並立」の考え方について

前漢初期における権力構造は、李開元氏が主張するような「三権並立」ではなく、皇帝の権力が明らかに上位にあった。前漢初期において、功臣たちには劉邦との間にかつての仲間関係があり、恵帝との間には「仲間の息子」という民間人時代からの親近感があった。そのため、この時代における劉邦や恵帝と功臣たちの関係は武帝期以降のような絶対的君主と臣下との関係ではなく、比較的近しい関係にあったことは確かである。そのため、相国の曹参が恵帝の前で大きな態度を取ったり、丞相の王陵が呂太后に公然と反発したりするようなことが起こる。しかし、これはやや特殊な人間関係の中で生じたことであったと見なすべきである。例えば、蕭何・陳平・審食其などには全くそのような言動が見られず、むしろ皇帝や呂太后に従順に従って行動している。そして何より重要なことは、相国や丞相の任命権は皇帝の手にあるという事実である。例えば、相国の曹参は恵帝によって任命され、恵帝の前では「臣」と自称しなければならなかった。呂太后に反発した王陵も、呂太后の一言で丞相をやめさせられた。このように、彼らは後世の丞相より相対的な意味において権力が大きかったかもしれないが[2]、皇帝との関係はやはり支配と服従の関係であり、決して「並立」的な関係ではなかった。

劉邦期の劉氏諸侯王はすべて劉邦によって封ぜられた親族であったため、「並立」的な関係ではなかったことは言うまでもないが、呂太后期になっても、呂太后の命令一つで劉氏諸侯王の王国を替えたり、脅威と感じた諸侯王を殺害したりしたことから見て、中央と諸侯王との関係もやはり支配と服従の関係であり、「並立」的な関係ではなかった。従って、前漢初期における皇帝権力は後代ほど強くなかったことは事実であるが、功臣や地方諸侯王と比べた場合、遥か上位にあったと言えよう。

七　任侠精神について

日本における戦国秦漢史研究では、増淵龍夫氏の任侠理論が一つの重要な基礎となっている。増淵氏は功臣たちが劉邦との間で任侠的精神によって結ばれ、危険に晒された劉氏皇統を支え、天下を呂氏から奪い戻したと主張している。もし、これが正しければ、劉邦が功臣たちの勢力を抑えるような政策を取る必要がなく、また呂太后もこれら「怏怏」と不満を持つ功臣たちを警戒する必要はなかったはずである。本書の分析から分かるように、劉邦死後の様々な出来事、とりわけ「諸呂の乱」の過程において、功臣たちには任侠的精神は見られない。それどころか、彼らはむしろ自らの利益を優先すべく打算的な行動を取っている。功臣たちは劉氏のためではなく自分たちの権力や利益のために「諸呂の乱」と呼ばれるクーデターを起こし、劉邦の孫である少帝とその兄弟たちまで殺してしまったのである。仮に呂氏一族を皆殺しにしたのが劉氏の天下を守るためというなら、正真正銘の恵帝の子、劉邦の孫である少帝とその兄弟たちまで殺してしまったのはなぜなのか。従来の解釈ではこの点を説明することができない。このことから、前漢初期の歴史研究におけるいわゆる任侠理論は一つの理想化された虚構であり、漢帝国の樹立によって劉邦とそのかつての仲間たちの関係が決定的に変化したという現実を無視したものである。そのため、この理論の有効性を再検討する必要がある。

八　史料の問題について

本書の分析から分かるように、呂氏一族が大臣たちに殺された時点から、呂太后とその一族に関わる歴史が人為的に偽造され、また、この事件をきっかけとして前漢初期の歴史に関わる多くの事実も歪んだ形で正史に記録されてしまった。歴史は勝者の書いたものであるとよく言われるが、前漢初期に関する歴史はまさに当時の権力者に都合のよいように書き換えられた典型である。

こうした偽造や歪みは様々な要因に由来するものである。一つは記録した者の主観的な判断である。例えば、『漢書』の著者である班固が、意図的に功臣たちが劉氏の天下を守ろうとした忠臣であったとしたことは周知の事実である。このため、「諸呂の乱」に関する記述の中で功臣たちの行動を美化する傾向がある。これはこの事件に関する班固の『漢書』と司馬遷の『史記』を比べることではっきりと分かる。もう一つは、時の権力者たちの意向である。班固とは違い、司馬遷は客観的に漢代の歴史を書いたと言われている。しかし、彼でさえ時の権力者に都合の悪いことをそのまま書くことができなかったはずである。このため、表現が曖昧になったり、前後矛盾したりするところが少なからず残されている。もう一つ重要なのは、歴史的な事件について、その目的と一部始終を語ることができるのは勝者しかいない、という事実である。歴史的事件の中には、偶発的なものが非常に多い。様々な勢力が不確かな情報のもとで事件に巻き込まれてしまうため、意図しない結果を招くことも少なくない。しかし、事件が終息した後、その目的や経過について語ることができるのは生き残った勝者しかいない。最初の目的はどうであれ、勝者たちは当然のことながら、自身の行動を正当化したり美化したりする傾向を持っている。そしてそれが史料として残されてしまう。従って、前漢初期に関する史料、とりわけ呂氏一族とかかわりのある記述を利用する際には、細心の注意と厳密な考察が必要であろう。

九　呂太后に対する認識

史書の中で、呂太后は劉邦の寵妃を惨殺し、建国の功臣や劉氏諸侯王を次々と殺害するような残忍極まりない悪女として描かれて以来、今日まで呂太后にはこのようなイメージが付きまとっている。そのため、呂太后や呂氏一族による漢帝国に対する貢献が無視されたり、悪い方に解釈されたりする傾向がある。しかし、本研究から分かるように、呂太后は必ずしも通常イメージされるような悪女ではなく、むしろ普通より気の強い女性であり、自己主張の強い妻であり、わが子を命懸けで守ろうとする母親である。

呂太后は漢帝国が樹立してから亡くなるまで、確かに多くの人を殺害した。しかし、彼女は必ずしもやたらに人を殺したわけではない。彼女が殺したのは、①韓信や彭越など漢帝国の脅威となる者、②戚姫や趙王如意など恵帝の地位を脅かした者、③趙王友のような呂氏一族の安全を脅かした者、の三種類である。前漢初期の政治情勢の定まらない状況の中で、敵対者を排除するのは自ら生き残るための手段であっただろう。

一方、本研究から分かるように、呂太后はある意味では大変人間味のある人物である。彼女は自身や子供たちを助けてくれた者にはよく報い、また劉邦の周りの功臣たちとも良好な関係を築いた。また、呂太后は大変有能な人物であり、優れた決断力と行動力があるため、漢帝国樹立後の政治において大きな役割を果たした。建国後、劉邦が長期間都を空けることができたのは、呂太后が都にいたからであろう。劉邦も呂太后を頼りとしていた。その意味で、呂太后にとっては、息子が後継者である限り、漢帝国を守るという点においては劉邦と利害が完全に一致しており、決して劉氏の天下に取って替わろうとはしていなかった。

しかし、呂太后が権力や利益に対する貪欲な一面を持っていることは確かである。劉邦死後、息子劉盈が皇帝となったが、呂太后は自分の外孫娘である魯元公主の娘を恵帝の皇后にした。また、呂太后は亡くなる前に、遺詔によって呂産の娘を少帝の皇后にした。これは漢帝国の権益を自分の子孫と呂氏一族の子孫で独占しようとしたものである。このようなことは呂太后が劉邦期に何度も皇太子交代の危機に晒されたことと無関係ではないと思われる。つまり、自分がやっとの思いで手に入れた恵帝系子孫の天下を、姻戚関係を通じて他人（呂太后や呂氏一族と無関係な皇后とその一族）に分け与えようとしなかったことを意味する。一方、劉氏諸侯王やその兄弟と姻戚関係を結ぶことによって、劉氏諸侯王の権益を呂氏一族が共有しようとした。こうしたことは劉氏諸侯王の反発をかう一方、有力な功臣と姻戚関係を結ぶことを通じて、弱まりつつある自らの権力基盤を補強し、皇帝を支える新しい勢力を作ることができなかった。このことは後に起きた「諸呂の乱」の一つの遠因であると考えられる。

「諸呂の乱」によって、呂氏一族が皆殺しにされたことは大きな悲劇である。しかし、この悲劇は決して彼女自身の残忍さや貪欲さだけがもたらしたわけではない。それは彼女が直面した政治的、歴史的な状況の中で起きた悲劇であると理解すべきであろう。秦王朝は中国の最初の統一帝国だったが、短期間で倒れたため、統一的な中央帝国のあり方や統治の仕方が必ずしも定着しなかった。また、中国史上初めて農民反乱により誕生した漢帝国では、皇帝と功臣たちの対立はある意味では宿命的なものであったと言える。帝国の統治という観点からすれば、功臣たちの力を抑えなければならないが、このことは彼らの反発を招いた。また、中央政府と地方諸侯王の関係という、それまでになかった問題にも直面した。現皇帝の地位を強化するためには地方諸侯王の力を抑えなければならないが、それは彼らの反発を招く。さらに、やはり前例のない皇太后による統治が行われたため、中央の功臣たち、地方の劉氏諸侯王、そして外戚の呂氏一族の関係をどのように処理すべきかが自ずと大きな課題として現れてくる。

このように、呂太后の時代では、君主と臣下、中央と地方、劉氏と外戚など、様々な問題について参考とすべき前例が少なく、守るべきルールが不明確なため、自ら試行錯誤していくしかなかった。とりわけ呂太后にとって不幸であったのは、恵帝や親族の相次ぐ死である。そのため不安となった呂太后は次第に内向きになり、このことが彼女の功臣や劉氏諸侯王、そして呂氏一族に対する政策に負の影響を与えたことは言うまでもない。このように、呂太后の悲劇は歴史的な要因、彼女の政策、そして彼女の不運など様々な要因が同時に作用した結果起きたものである。

前漢の歴史を見る時、皇帝の地位が劉邦からその子孫に受け継がれるのは当たり前のように思われるかもしれない。しかし、漢帝国が樹立してから劉邦が亡くなるまでの期間が短く、その間、功臣からの反乱が繰り返されていた。しかも、劉邦の後を継いだ恵帝の力が弱いため、劉氏の天下が長く続けられる保証はどこにもなかった。このような不安定な状況のなかで、呂太后の十五年間に及ぶ漢帝国支配により、劉氏の天下が定着したと言える。それだけではなく、漢帝国の支配形態、ひいては中国二千年以上に及ぶ皇帝支配の形態は少なくとも部分的には彼女の支配によって形作られたと言えるかもしれない。その意味で、彼女は劉邦とともに、皇帝支配の形を作り上げた人物であったと言えよう。

注

(1) このような見方をとる研究として、例えば、西嶋定生『中国古代国家と東アジア社会』(東京大学出版会、一九八三年)、守屋美都雄「漢の高祖集団の性格について」(『歴史学研究』第一五八号、第一五九号、一九五二年)、及び李開元『漢帝国の成立と劉邦集団——軍功受益階層の研究——』(汲古書院、二〇〇〇年)がある。

（2）安作璋、熊鉄基『秦漢官制史稿』（斉魯書社、一九八五年）などを参照。

参考文献

日本語文献

薄井俊二「恵帝の即位――漢初政治における外戚の役割――」（その一）、（その二）、『埼玉大学紀要』（教育学部・人文・社会科学）第四十一巻第一号、第二号、一九九二年。

薄井俊二「漢の文帝について――皇帝としての権威確立問題及び対匈奴問題をめぐって――」埼玉大学紀要教育学部（人文・社会科学）第四十四巻第一号、一九九五年。

薄井俊二「前漢の文帝における儒家的皇帝像」（その一）、『埼玉大学紀要』教育学部（人文·社会科学）第四十八巻第一号、一九九九年。

大庭脩『秦漢法制史の研究』創文社、一九八二年。

鎌田重雄『漢代史研究』日本学術振興会、一九九四年。

楠山修作「呂公についての一考察」『東洋文化学科年報』第十号、一九九五年。

熊谷滋三「前漢の典客・大行令・大鴻臚」『東洋史研究』第五九巻第四号、二〇〇一年三月。

栗原朋信『秦漢史の研究』吉川弘文館、一九八六年。

小倉芳彦『入門・史記の時代』筑摩書房、一九九六年。

古賀登『漢長安城と阡陌・県郷亭里制度』雄山閣、一九八〇年。

佐竹靖彦『劉邦』中央公論新社、二〇一〇年。

佐原康夫「漢代の官衙と属吏について」『東方学報』第六十一冊、一九八九年。

重近啓樹「秦漢の兵制について――地方軍を中心として――」『人文論集』（静岡大学人文学部）三六、一九八六年。

瀧川資言『史記会注考証』北岳文芸出版社、一九九九年。

谷口やすよ「漢代の皇后権」『史学雑誌』第八十七編第十一号、一九七八年。

谷口やすよ「漢代の『太后臨朝』」『歴史評論』第三五九号、一九八〇年。

富田健之「前漢武帝期以降における政治構造の一考察――いわゆる内朝の理解をめぐって――」『九州大学東洋史論集』第九号、一九八一年。

富田健之「漢代における『黄門』の官をめぐって――黄門侍郎と宦官小黄門を中心に――」『九州大学東洋史論集』第十二号、一九八三年。

富田健之「内朝と外朝――漢朝政治構造の基礎的考察――」『新潟大学教育学部紀要・人文・社会科学編』第二十七巻第二号、一九八六年。

富田健之「前漢後期における尚書体制の展開とそれをめぐる諸問題――中書宦官・三公制形成・王莽政権――」『東アジア――歴史と文化――』第七号、一九九八年。

富田健之「漢時代における尚書体制の形成とその意義」『東洋史研究』第四五巻第二号、一九八六年。

富田健之「漢代政治制度史に関する二・三の問題――内朝・外朝及び尚書問題について近年の研究をめぐって――」『東アジア――歴史と文化――』第一号、一九九二年。

富田健之「大司馬大将軍霍光」『新潟大学教育学部紀要』第三十五巻第二号、一九九四年。

西川春華「後漢光武帝における皇后交替の背景について」『研究論集』（大正大学）二十、一九九六年。

西嶋定生『秦漢帝国』講談社、一九九七年。

西嶋定生『中国古代国家と東アジア社会』東京大学出版会、一九八三年。

布目潮渢「呉楚七国の乱の背景」『和田博士還暦記念東洋史論叢』講談社、一九五一年。

浜口重国「前漢の南北軍について」『秦漢隋唐史の研究・上』東京大学出版会、一九六六年。

藤田勝久「『史記』呂后本紀にみえる司馬遷の歴史思想」『東方学』第八十六輯、一九九三年。

藤田高夫「前漢後半期の外戚と官僚機構」『東洋史研究』第四十八巻第四号、一九九〇年。

増淵龍夫『中国古代の社会と国家』岩波書店、一九九六年。

宮崎市定『中国史(上)』岩波書店、一九七七年。

美川修一「所謂漢の高祖の功臣の動向について――呂后専権の基盤――」早稲田大学文学部東洋史研究室編集『中国前近代史研究』雄山閣出版社、一九八〇年。

守屋美都雄「漢の高祖集団の性格について」『歴史学研究』第一五八号、第一五九号、一九五二年。

好並隆司「前漢の君主権をめぐる内・外朝」『史学論叢』第二十九号、一九九九年。

李開元『漢帝国の成立と劉邦集団――軍功受益階層の研究――』汲古書院、二〇〇〇年。

中国語文献

安作璋、熊鉄基『秦漢官制史稿』斉魯書社、一九八五年。

卜憲群「評『漢帝国的建立与劉邦集団』」『中国史研究』、二〇〇一年第二期。

陳直『三輔黄図校正』広西人民出版社、一九八〇年。
馮恵民「重評呂后」『復印報刊資料』中国人民大学書報資料社、一九八〇年第十三期。
賀昌群「漢初之南北軍」『中国社会経済史集刊』第五巻第一期、一九三七年。
胡一華「劉邦逝世后闘争述評」『麗水師専学報』、一九八四年第三期。
黄今言『秦漢軍制史論』江西人民出版社、一九九三年。
頼恵敏「西漢長安城的営建及其政治功能」『国立台湾大学建築與城郷研究学報』第一巻第一期、一九八一年。
労榦「論漢代的衛尉與中尉兼論南北軍制度」『労榦学術論文甲集』（台北）、藝文印書館、一九七六年。
廖伯源「試論西漢時期列侯与政治之関係」『徐復観先生記念論文集』（台北）、学生書局、一九八六年。
陸賈『新論』『漢魏叢書』（吉林出版社、一九九二年）所収。
呂思勉『秦漢史』上海古籍書店、一九八二年。
呂思勉『中国制度史』上海教育出版社、一九八五年。
馬端臨『文献通考』中華書局、一九八四年。
裴洛「呂后的発跡、権術和傾覆」『文科教学』、一九八〇年第一期。
秦進才「漢代白馬之盟初探」『河北師院学報』、一九八四年第三期。
司修武『黄老学説与漢初政治平議』（台北）、学生書局、一九九二年。
史念海『西安歴史地図集』西安地図出版社、一九九六年。
孫惺棠「西漢的兵制」『中国社会経済史集刊』第五巻第一期、一九三七年。
譚其驤『中国歴史地図集』地図出版社、一九八二年。
王鳴盛『十七史商榷』上海出版社、二〇〇五年。
呉仰湘「漢初誅呂安劉之真相辨」『湖南師範大学社会科学報』、一九九八年第一期。
楊鴻年『漢魏制度叢考』武漢大学出版社、一九八五年。
楊樹達『漢代婚喪礼俗考』上海古籍出版社、二〇〇七年。
兪正燮『癸巳類稿』四庫全書所収。
張家山漢墓竹簡整理小組『張家山漢墓竹簡』文物出版社、二〇〇一年。
中国社会科学院考古研究所『漢長安城未央宮——一九八〇〜一九八九年考古発掘報告——』大百科出版社、一九九六年。

あとがき

一九九八年四月、私は東京都立大学人文科学研究科史学専攻の博士課程に入学しました。博士論文を何にしようかと悩んでいたときに、指導教授の佐竹靖彦先生から、『史記』を小説のように繰り返して読んでみたらどうですか、とのアドバイスをいただきました。中国の古典を読むことは私の得意なことでしたので、これを機会に大好きな『史記』をもう一度読むことができれば、まさに一石二鳥だと思ったのです。こうして、さっそく『史記』を読み始めました。読みすすめていくうちに、「諸呂の乱」という中国の歴史上で大変有名な事件のことがとても気になりました。中国古代史を勉強したことのある人なら、誰もがこの事件の大雑把な概要を知っていると思います。すなわち、呂太后の死後、呂氏一族が劉氏の天下をわがものにしようとして乱を起こそうとしたが、劉氏の天下を守る大臣や劉氏諸侯王によって阻止され、逆に皆殺しにされてしまった、という通説通りのストーリーです。しかし、『史記』を何度読んでも、この通説を裏付ける根拠が見当たりませんでした。それどころか、呂氏が大臣や劉氏諸侯王の陰謀に嵌められてしまったとする根拠が多く出てきたのです。このことから、私の中で、果たしてこれまでの通説となっている「諸呂の乱」が本当にあったのかどうか、疑問に思うようになりました。

南北軍についても同じような思いがありました。「諸呂の乱」の過程で頻繁に登場してくる南軍と北軍の実態について、原文を何度読んでも分かりませんでした。まるで焦点のぼやけた動画を見ているかのように、何かが起きていることはわかるのですが、具体的に何が起きて、どのように展開していったのかについてははっきりとは見えませんでした。南北軍に関する先行研究を読んでも、千年以上前から様々な説が提起されてきましたが、未だに納得できる解釈はありませんでした。とりわけ、南北軍の問題は「諸呂の乱」を解明する上で極めて重要なことですので、このような問題から着手するしかないと思い、南北軍の実態の解明から取り組むことにしました。これがこの研究の始まりです。

本研究を通じて、政治史研究の難しさを痛感させられました。中国では、よく「勝者王侯敗者賊」と言われます。「諸呂の乱」において、呂氏一族は完全な敗者となったため、呂太后とその一族に関する歴史は人為的に書き換えられました。このことにより、呂太后は中国の歴史上で一番の悪女と言われてきました。呂太后とその一族に関する歴史の偽造は「諸呂の乱」の後からすぐ始まりましたが、その影響は今日に至るまで続いています。例えば、本書のある章のもととなっている論文をある学術雑誌に投稿したとき、編集委員から「『史記』にはそのように書いていないのに、なぜあなたはそう言うのか」と言われたことがあります。彼の考えにはそれなりの理由があります。なぜなら、司馬遷は「秉筆直書」と評価されており、『史記』に書かれたことはすべて真実であると多くの人に信じられているのです。しかし、司馬遷が『史記』を書いたとき、「諸呂の乱」から既に百年以上たっていたため、いくら「秉筆直書」としても、勝利者の口から伝えられた情報はすでに歪められたものになっていました。公式の記録が皇帝側に都合のよいように書かれているのはもちろんですが、司馬遷が取材した当事者の子孫もそれぞれ自分の先祖の立場に立って事件の経緯を伝えたと思われます。そして司馬遷はそれらをありのままに記録し、事件の真相を客観的に後世に伝えようとしたのではないでしょうか。このことは、唐の司馬貞が『史記索引』で、「太史公聞疑伝疑、遂各記之。則所謂実録。」と指摘したとおりです。こうしたことから分かるように、『史記』に書かれたことはすべて正しいわけではなく、関係者から集められた矛盾だらけの情報が忠実に記されているのです。これらの矛盾は、かえって我々に事の真相を明らかにするための重要な手掛かりを与えてくれたように思います。本研究は、まさに史書にある矛盾した記述を徹底的に追求することにより、事件に関する記述の裏に隠された歴史の真実を抉り出そうとしたものです。

本研究がこのような形で出版することができたのは多くの方々から多大なご指導とご協力を得たおかげですので、この場を借りて感謝の意を表したいと思います。

まず、触れておかなければならないのは私の博士課程のときの指導教授であった佐竹靖彦先生です。都立大学の博士課程に在籍した五年間、毎年数回発表する機会があり、そこではいつも適切なアドバイスをいただきました。佐竹先生のアドバイスから、私は問題の捉え方、自らの主張の論証方法、論文の書き方など多くのことを学びました。したがって、この研究はまさに佐竹先生のご指導とご鞭撻の下で完成したものです。

拙著の執筆と直接に関連するわけではないのですが、私が修士課程の時の指導教授である太田幸男先生（東京学芸大学教授、当時。以下、同）が参加されていた「『呂氏春秋』研究会」に参加することができ、そこで多田狷介先生（日本女子大学教授）や土屋紀義先生（国立国会図書館司書）、飯尾秀幸先生（専修大学教授）などの中国史の専門家と接することができました。その研究会やその後の懇親会での先生方の議論から多くの啓示をいただいただけではなく、史料を丹念に推敲する先生方の姿勢を間近で見ることができ、数年間に亘るこの研究会への参加を通じて、多くの収穫を得ることができました。

本研究の結論は今までの史学界における通説とは異なるところが多くあります。このような研究結果は日本の中国史学界の研究者の方々に認められるかどうか不安でしたが、今回の拙著の出版に当たって、九州大学出版会から依頼された二人の匿名査読者の方から研究内容について好意的な評価をいただき、大変心強くなりました。また、改訂に向けて多くの建設的なアドバイスをしてくださって、本研究のレベルアップに大きく寄与しました。

この本を出版する過程で、都立大学時代の同期の石坪満さんには様々な形でご協力いただきました。石坪さんはもともと私の博士課程時代のチューターでしたので、その時から大変お世話になっています。今回の拙著の出版に当たって、私の拙い日本語を丁寧に添削して読みやすくしてくださっただけではなく、史実や論述など研究の内容についても多くの貴重なご意見とアドバイスをいただきました。校正段階に入ってからも、ご多忙にもかかわらず何度も拙稿を読み直してくださいました。彼のご尽力のおかげで、拙著はこのような形になっていると思います。もちろん、拙著の中に含まれているあらゆる問題について著者の私がすべての責任を負うことは言うまでもありません。

また、拙著の出版に当たって、九州大学出版会の永山俊二氏には大変お世話になりました。拙著の出版をめぐる相談のときから大変真摯に対応していただき、本の内容に対するアドバイス、表紙のデザイン、副題の決定、索引の作成等々、あらゆる面において大変ご尽力いただきました。

本書の出版に際して、立命館大学中国語部会学術図書出版助成を受けましたので、記して感謝の意を表したいと思います。

最後に、私の家族にも感謝したい。両親は長年に亘って私の日本留学を遠くから見守り、夫と娘は私の学業と仕事を一生懸命サポートしてくれました。このような家族の理解と協力があるからこそ本研究が完成できたと思います。私の学業を誰よりも強く期待してくれた亡き母に本書を捧げます。

京都にて　郭　茵

二〇一四年二月

巻末資料

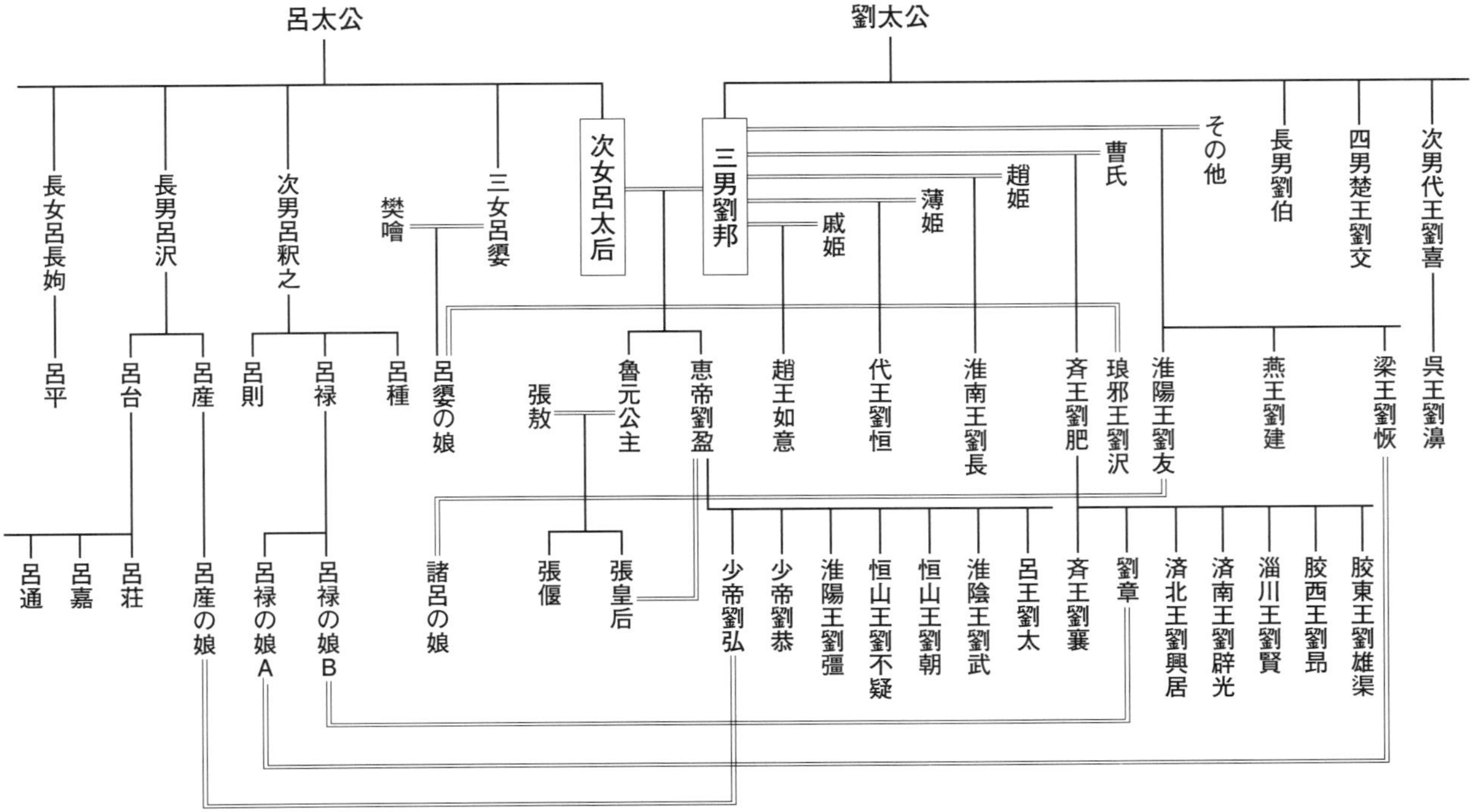

注：この図は劉邦と呂太后の家系と婚姻関係を示す略図であり、完全なものではない。
——は血縁関係を示し、══は婚姻関係を示す。

劉邦・呂太后家系略図

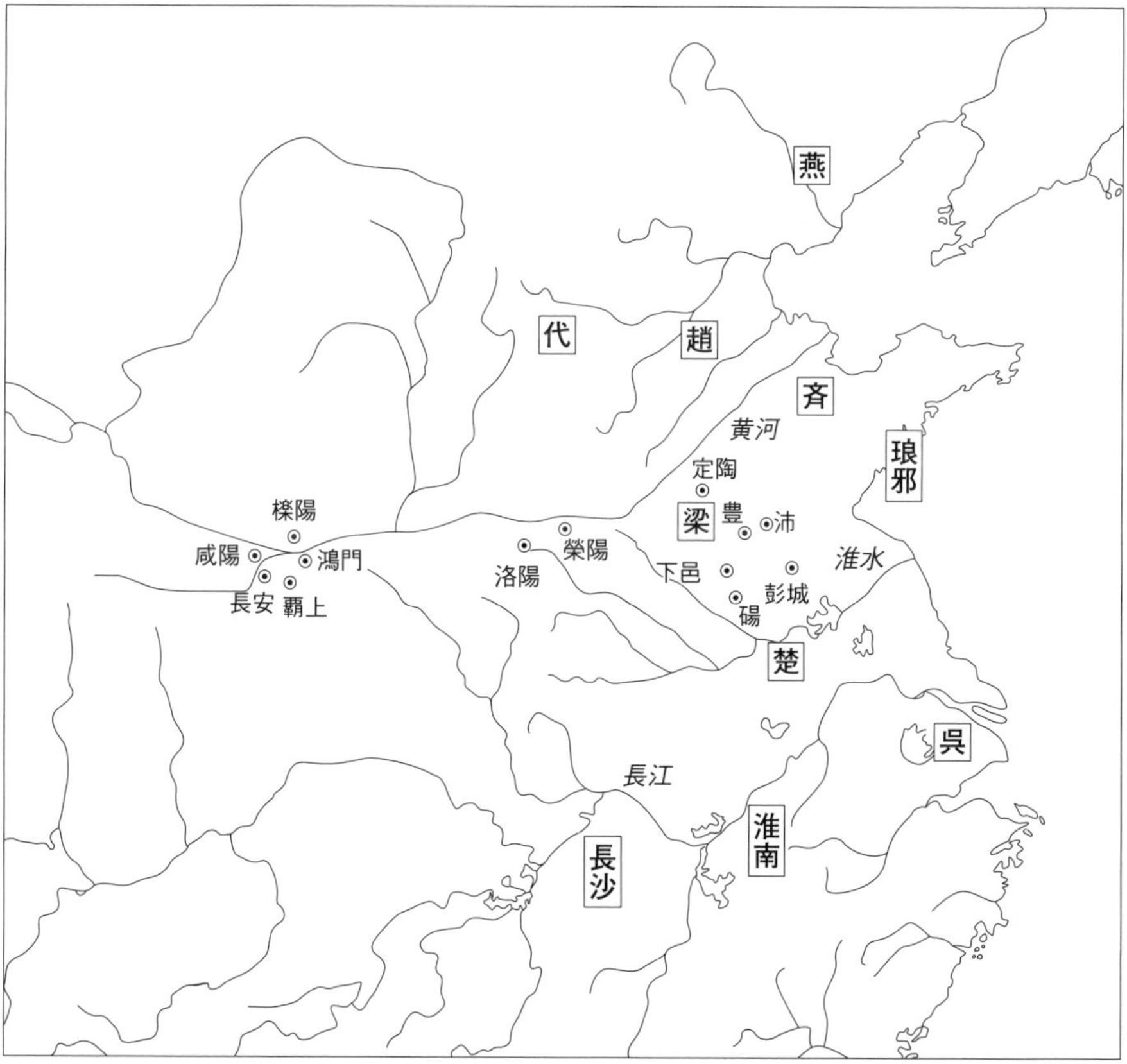

注：この図は『中国歴史地図集』（譚其驤編、地図出版社、一九八二年）と『劉邦』（佐竹靖彦著、中央公論新社、二〇一〇年）、『西漢政区地理』（周振鶴著、人民出版社、一九八七年）を参照して作成した。

秦末漢初略図

劉邦年表

西暦（紀元前）	漢暦	月	劉邦の動き	他の重要事項
209年	秦二世元年	九月	蕭何、曹参らと挙兵し沛公となる。	項梁と項羽は呉で挙兵。 田儋は従兄弟の田栄、田横と斉で挙兵、自ら斉王となる。 韓広は自ら燕王となる。 魏咎は自ら魏王となる。
208年	秦二世二年	十月	胡陵と方与に侵攻、戻って豊を守る。	雍歯に命じて豊を守らせる。
		十一月	軍隊を率いて薛に行き、その後、亢父と方与に赴く。	
		十二月		陳渉が殺害される。 雍歯は魏に転向し、魏のために豊を守る。
		正月	蕭西で秦軍と戦って敗北。	趙歇は趙王、景駒は楚王となる。 張良と出会い、軍師となる。
		二月	碭を撃破し六千人を獲得。	
		三月	下邑を撃破。豊に侵攻したが失敗。	
		四月	豊を撃破。	項梁は景駒を殺害。 雍歯は魏に逃亡。
		六月	薛に赴く。	項梁と共に楚懐王の孫・心を楚懐王に立てる。 章邯は魏王咎と斉王儋を殺害。
		七月	亢父に侵攻。東阿と濮陽で章邯を破る。定陶に侵攻。	
		八月	項羽と共に西方の地を攻略し雍丘へ。	田儋の子・市が斉王となる。
		九月	陳留に侵攻。楚懐王を彭城に移し都とする。	項梁は戦死。 魏豹は自ら魏王となる。
		後九月	城陽と杠里で秦の二軍を破る。	項羽は魯公となる。 宋義、項羽、范増は趙を救援。
207年	秦二世三年	十月	東郡の太尉を成武で破る。	
		十一月		項羽は宋義を殺害、自ら上将軍となる。

西暦（紀元前）	漢暦	月	劉邦の動き	他の重要事項
		十二月	魏将と共に秦軍を破る。	項羽は秦軍を鉅鹿で破る。
		二月	彭越と出会い、ともに昌邑に侵攻したが失敗。	
		三月	開封に侵攻したが失敗。白馬・曲遇で楊熊を破る。	
		四月	潁川、韓に侵攻。 趙の別将と戦い、平陰に侵攻。	
		七月	南陽太守が降伏。 胡陽・析・麗に侵攻。	章邯が項羽に降伏。
		八月	武関に侵攻。	趙高は秦二世を殺害。
		九月	藍田で秦軍を破る。	子嬰は秦王となり、趙高を殺害。
206年	漢元年	十月	覇上に着く。咸陽に赴き、覇上に戻る。	子嬰が降伏。
		十二月	函谷関を閉鎖。	鴻門の会。項羽は咸陽を屠る。
		一月		懐王は義帝となる。
		二月	漢王と封じられる。	項羽は自ら西楚覇王となる。
		四月	漢王国に赴く。	張良は韓に帰り、韓信は大将軍となる。
		六月		田栄は自ら斉王となる。 彭越は梁で反乱。田栄は三斉を併合。
		八月		臧荼は韓広を殺害、その地を併合。 塞王欣・翟王翳が漢に降伏。
		九月		薛欧･王吸･王陵が沛から劉太公・呂后を迎えることを試みたが失敗。
205年	漢二年	十月	陝に着き、河南王が降伏、河南郡を設置。	項羽が義帝を殺害。張耳が漢に降伏。韓王鄭昌が降伏。 張良が漢に戻る。陳余が代王となる。
		十一月	櫟陽を都とし、隴西を獲得。	韓の太尉・信を韓王とする。

西暦（紀元前）	漢暦	月	劉邦の動き	他の重要事項
		三月	河内を陥落させ、河内郡を設置。 洛陽に赴く。	魏豹と陳平が漢に帰順。
		四月	五諸侯の軍隊と共に楚を討伐。彭城大戦で敗北、下邑の周呂侯に身を寄せる。	田栄の子・田広が斉王となる。 彭越が漢に帰順。 項羽は劉太公・呂后を人質とする。
		五月	滎陽に駐屯し、京・索の間で戦闘。	魏豹は楚に降伏。
		六月	櫟陽に戻り、劉盈を太子に立てる。 河上・渭南・中地・隴西・上郡を設置。	章邯が自殺。
		八月	滎陽に赴く。	韓信・曹参・灌嬰が魏に侵攻。
		九月	河東・太原・上党郡を設置。	韓信らが魏王豹を捕獲。
204年	漢三年	十月	常山・代郡を設置。	韓信・張耳が趙に侵攻、陳余を殺害。 趙王歇を捕獲。
		十二月	黥布と共に成皋へ。	黥布が漢に帰順。
		四月	滎陽で項羽に包囲される。	范増が病死。
		五月	項羽と宛・成皋の間で戦闘	魏豹は周苛らに殺害される。 彭越が薛を破り薛公を殺害。
		六月	韓信の軍を奪取。 張耳を命じて趙で徴兵。	項羽が周苛を殺害。 項羽は韓王信を捕獲。
203年	漢四年	十月	泗水で楚軍を破る。 項羽に弓で撃たれる。	韓信が斉を破る。
		十一月	櫟陽に赴く。傷が治して軍に戻る。	韓信・灌嬰が楚軍を撃破、斉王広を捕獲。田横が自ら韓王となる。 漢は張耳を趙王に立てる。
		二月		韓信を斉王に立てる。
		七月		黥布を淮南王に立てる。
		八月	鴻溝を境界に項羽と天下を分ける。	

西暦（紀元前）	漢暦	月	劉邦の動き	他の重要事項
		九月		劉太公・呂后が解放される。
202年	漢五年	十月	韓信、彭越と固陵に結集する約束だが、両軍とも来ず、楚軍に大敗。張良の策を受け入れ、韓信と彭越が集結。	
		十一月	劉賈は寿春を包囲、周殷は楚に背く。	
		十二月	垓下の戦い。項羽に勝利。定陶に赴き、韓信の軍を奪取。	盧綰・劉賈は臨江王尉を捕獲。
		正月		韓信を楚王、彭越を梁王に立てる。
		二月	皇帝位に就く。洛陽を都とする。	長沙王・閩越王を立てる。
		五月	軍隊を解散。	斉王田横が自殺。
		（七）月	臧荼が反乱。 洛陽に赴く。 利幾が反乱、撃破する。	盧綰を燕王に立てる。樊噲が代を平定。
		九月	臧荼を捕獲。	
		後九月		長楽宮の建造を開始。
201年	漢六年	十二月	諸侯と陳で会見。韓信を捕獲。 洛陽で論功行賞を行い蕭何らを封侯。	韓信が淮陰侯に降格。
		正月		劉賈を荊王、劉交を楚王、劉喜を代王、劉肥を斉王とする。
		三月	櫟陽に赴く。	雍歯を封侯。
		五月	劉太公を太上皇に尊ぶ。	
		九月		韓王信は匈奴に投降。
200年	漢七年	十月	韓王信を討伐。 平城で匈奴に包囲される。	樊噲が代を定める。 長楽宮完成。
		十二月	趙を通過。	代王劉喜が国を棄てる。 如意を代王に立てる。
		二月	長安に赴く。 都を櫟陽から長安に移す。	未央宮の建造を開始。
		四月	洛陽に赴く。	

西暦 （紀元前）	漢暦	月	劉邦の動き	他の重要事項
199年	漢八年	冬	韓王信の残党を東垣で討伐。	
		十二月	東垣から長安に赴く。	
		三月	洛陽に赴く。	
		九月	洛陽から長安に赴く。	
198年	漢九年	十月		未央宮が完成、諸王来朝。
		十二月	洛陽に赴く。	趙王張敖は謀反の容疑で牢獄へ。
		正月		趙王張敖を廃し、如意を趙王に立てる。
		二月	洛陽から長安に赴く。	趙の大臣田叔・孟舒等を郡の太守、諸侯相に任命。
197年	漢十年	十月		諸王来朝。
		九月	陳豨が代で反乱、自ら親征。	
196年	漢十一年	冬	邯鄲に赴き、東垣に侵攻。	周勃が代を定める。
		正月	洛陽に赴く。	韓信が長安で反乱。 柴武が韓王信を殺害。 劉恒を代王に立てる。
		三月		彭越が反乱し逮捕される。 呂后が長安から洛陽に赴く。 洛陽で彭越を殺害。 劉恢を梁王、劉友を淮陽王に立てる。
		四月	洛陽から長安に赴く。	
		五月		南粤王を立てる。
		七月	黥布が反乱、自ら親征。	劉長を淮南王に立てる。 劉賈が戦死。
195年	漢十二年	十月	黥布を破り、沛を通過。	周勃が陳豨を殺害。 劉濞を呉王に立てる。
		十一月	長安に赴く。	
		二月		樊噲・周勃が盧綰を討伐。 劉建を燕王に立てる。
		四月	長楽宮で死亡。	

注：本表は主として『漢書』巻一高帝紀に基づいて作成したもので、『史記』巻八高祖本紀などをも参照した。厳密に考証したものではなく、参考用として示したものである。

呂太后期年表

西暦（紀元前）	漢暦	季・月	事　項
195年	漢十二年	五月	恵帝が帝位につく。
194	孝恵元年	十二月	趙王如意を殺害。劉友を趙王とする。再び叔孫通を奉常に任命。
		春正月	長安城城壁の建造を開始。
		九月	長沙王の子呉浅を侯に封じる。
193年	孝恵二年	冬十月	楚元王と斉王が来朝。斉王が城陽郡を魯元公主に献納。
		四月	長沙王の相国朱蒼を侯に封じる。
		七月	蕭何が死亡、曹参を相国に任命。
192年	孝恵三年	春	長安周辺から十四万五千人を徴用し、三十日間長安城の城壁を建造。
		六月	諸侯王・列侯の徒隷二万人を徴用し長安城の城壁を建造。
			次兄呂釈之が死亡。
191年	孝恵四年	冬十月	魯元公主の娘の張氏を皇后に立てる。
		三月	皇帝が成人（二十歳）になる。
190年	孝恵五年	春正月	長安周辺から十四万五千人を徴用し、三十日間長安城の城壁を作らせる。
		秋八月	曹参が死亡。
		九月	長安城が完成、諸侯が来朝。
189年	孝恵六年	冬十月	劉肥が死亡、息子の劉襄を斉哀王に立てる。
		十月	王陵を右丞相、陈平を左丞相、周勃を再び太尉に任命。
		夏六月	樊噲が死亡。
188年	孝恵七年	秋八月	恵帝が死亡。
187年	呂太后元年	九月	太子恭を皇帝（少帝）に立てる。
		十一月	王陵を皇帝太傅、陳平を右丞相、審食其を左丞相に任命。
		四月	張偃を魯王、呂台を呂王とする。
			呂平、呂産、呂種を侯に封じる。
			恵帝の子である弘、朝、武を侯に封じる。
			恵帝の子である彊、不疑、恒山を王に封じる。
			大中大夫張買、少府陽咸延、斉丞相斉受、馮無択を侯に封じる。
		七月	長沙王の子呉陽を侯に封じる。

西暦（紀元前）	漢暦	季・月	事　項
186年	呂太后二年	春	列侯の功を評定し、朝位を定める。
		五月	楚元王の子劉郢客と斉悼恵王の子劉章を侯に封じる。
		七月	恒山王不疑が死亡、恵帝の子義を常山王とする。
185年	呂太后三年	十一月	呂王台が死亡、呂嘉を呂王とする。
184年	呂太后四年	二月	恵帝の子劉太を侯に封じる。
		四月	淮南王の丞相呂勝、呂王の丞相朱通、梁王の丞相王恬開、常山王の丞相徐厉、長沙王の丞相越、楚王の丞相呂更始、衛尉衛無択、太中大夫呂它、河南守周信、呂嬃、呂忿を侯に封じる。
		夏	皇帝（少帝）恭を廃す。
		五月	恒山王弘を皇帝（少帝）に立てる。太尉の官職を設け、周勃を太尉に任命。
		八月	淮陽王彊が死亡。
182年	呂太后六年	四月	劉興居、呂通を侯に封じる。
		七月	呂王嘉を廃し、呂産を呂王とする。
181年	呂太后七年	春正月	趙王劉友が死亡。 呂王呂産を相国、趙王呂禄を上将军に任命。劉沢を琅邪王とする。
		五月まで	梁王劉恢を趙王とする。呂王呂産を梁王とし、同時に少帝太傅とする。 恵帝の子劉太を呂王とする。
		六月	趙王劉恢が自殺。張敖が死亡。
		秋九月	燕王劉建が死亡、残された子が殺害される。
180年	呂太后八年	十月	呂禄を趙王、呂通を燕王、呂荘を東平侯とする。
		三月	呂太后が病に倒れる。
		四月	張敖の子・侈と寿を封侯。中謁者張释卿と呂荣を侯に封じる。
		秋七月	呂太后が未央宮で死亡。
		八月	斉王挙兵。「諸呂の乱」。呂氏一族が殺害される。

注：本表は『漢書』巻二恵帝紀、『漢書』巻三高后紀、『史記』巻九呂太后本紀、『史記』巻十八高祖功臣侯者年表、『史記』巻十七漢興以来諸侯王年表などに基づいて作成したものである。厳密に考証したものではなく、参考用として示したものである。

人名索引

（呂太后および劉邦は省略）

ま行

や行

ら行

た行

な行

は行

事項索引

〈著者略歴〉

郭　茵（かく・いん　Guo Yin）

北京大学歴史学部（中国史専攻）卒業、東京学芸大学大学院教育学研究科修士課程修了、2003年東京都立大学大学院人文科学研究科より博士（史学）学位取得。その後、九州大学高等教育推進センター准教授、関西学院大学言語教育研究センター専任講師を経て、現在、立命館大学言語教育センター嘱託講師。

呂太后《りょたいこう》期《き》の権力《けんりょく》構造《こうぞう》

前漢初期「諸呂の乱」を手がかりに

2014年3月31日　初版発行

著　者　郭　茵

発行者　五十川　直行

発行所　一般財団法人　九州大学出版会

〒812-0053 福岡市東区箱崎7-1-146
九州大学構内

電話　092-641-0515(直通)

URL　http://kup.or.jp/

印刷・製本／シナノ書籍印刷(株)

ISBN978-4-7985-0123-9

王昭君から文成公主へ

——中国古代の国際結婚——

藤野月子 著　　　　　A５判・202頁・定価 3,800円（税別）

王昭君の故事が有名な、中国古代における和蕃公主の降嫁について、漢代から唐代までの多数の事例を検証し、その実態を解明するとともに、時代ごとの特徴を分析しその歴史的な意義を総合的な観点から考察する。
〈九州大学人文学叢書１〉

主な内容

第一章　漢から宋における和蕃公主の降嫁の数量的な推移
第二章　漢魏晋南朝の時代における和蕃公主の降嫁
第三章　五胡十六国北朝の時代における和蕃公主の降嫁
第四章　唐代における和蕃公主の降嫁
　　　　——対吐蕃関係を中心として——
第五章　五代十国時代および北宋における和蕃公主の降嫁
附　編　元代および春秋戦国時代の婚姻に基づく外交政策

九州大学出版会